Franz Hermann Meissner
Arnold Böcklin

Meissner, Franz Hermann: Arnold Böcklin.
Hamburg, SEVERUS Verlag 2011.
Nachdruck der Originalausgabe von 1899.

ISBN: 978-3-86347-058-6
Druck: SEVERUS Verlag, Hamburg 2011

Der SEVERUS Verlag ist ein Imprint der Diplomica Verlag GmbH.

Bibliografische Information der Deutschen Nationalbibliothek:
Die Deutsche Nationalbibliothek verzeichnet diese Publikation in der
Deutschen Nationalbibliografie; detaillierte bibliografische Daten sind
im Internet über http://dnb.d-nb.de abrufbar.

© **SEVERUS Verlag**
http://www.severus-verlag.de, Hamburg 2011
Printed in Germany
Alle Rechte vorbehalten.

Der SEVERUS Verlag übernimmt keine juristische Verantwortung
oder irgendeine Haftung für evtl. fehlerhafte Angaben und deren
Folgen.

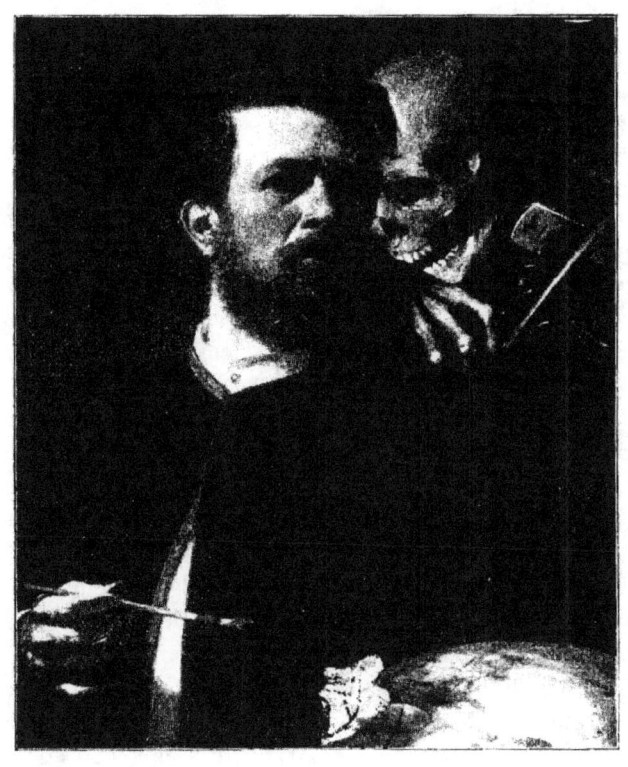

Selbstbildnis von 1872.
Mit Genehmigung der Photographischen Union in München aus dem Böcklinwerk.

ARNOLD BÖCKLIN.

Seltsam oftmals in anscheinend ganz willkürlichem und doch ganz gesetzvollem Wogenschlag rollt vor dem rückwärts schauenden Auge des Epigonen die Flut des Kulturwachstums heran. Eintönig dünkt uns der ewige Grundantrieb, das ruhlose Auf und Nieder des Schlags.... man schau' nur tief hinein und man wird staunen, wie reich und lebendig das scheinbare Einerlei im Kleinen ist. So neu, frisch, andersartig aber stets das Menschsein, das Übersichselbsterhebenwollen sich auch abspielt, so ruhelos der Menschengeist auf Veränderung sinnt und heute bekämpft, was er gestern verherrlicht hat, so wenig frei, so eng gebunden an die Natur ist er im Grunde: nur ein paar Hauptgesichtspunkte, nur ein paar Grundakkorde machen das ganze Menschenspiel aus.... Jahrtausende ziehen brausend dahin .... ein paar Lichtpunkte thronen in ihnen ... der Mensch erschöpft sich darin, ihre Probleme immer wieder in sein engeres Zeitidiom zu übersetzen. Die Antike heisst die eine der grossen Bahnen für den Bewegungsdrang seit zweitausend Jahren, — die andere die Renaissance. — —

Die Antike hat gerade vor 150 Jahren ein neues Erwachen in der europäischen, in der deutschen Kunst erlebt. Mitten im endlosen Wust römischer Nachahmung, die unendlich lange als das »Antike an sich« gegolten, entdeckte ein Mann mit hellen Augen und geistiger Verschlagenheit, wie sie von Armut, Einsamkeit, Lebensdrang nicht selten erzeugt werden, die fast verlorene griechische Originalkunst. Diesem Herrn aus Stendal, märkischen Konrektor, gräflichen Bibliothekar, diesem unverzagten Renegaten um des Emporkommens willen, Abbate und schliesslichen römischen Kustos löste sich aus den winzigen Figürchen auf Kameen und Gemmen im Dresdener Kabinett und in den Sammlungen seiner römischen Kardinalspatrone, aus dem rohen Linienzug der römischen Relief- und Figurenfunde allmählich das Phantasiebild von einer versunkenen und vergessenen Idealwelt; er zog ihr mit Schatzgräberseligkeit bis an sein Ende nach; er, — der erste moderne Archäologe Winckelmann nämlich, — ahnte dabei so wenig als sein kampffroher Herold und klassischer Kronzeuge Lessing, dass das der Anfang einer mächtigen Wissenschaft und eines lebenszähen Problems für das nächste Jahrhundert war. Sie konnten in ihrer deutschen Gelehrtenbescheidenheit sich auch kaum denken, dass sie als Bahnbrecher der grössten Geistesblüte der Neuzeit nur wenige Jahrzehnte noch von Weimars halkyonischen Tagen getrennt waren, und dass kein Geringerer als Goethe das Siegel auf ihr Werk drücken sollte, das ja zunächst scheinbar nicht mehr als eine fachwissenschaftliche Entdeckung vorstellte.

Alles Primitive, Unmessbare, Unfertige aber hat für die Kunst noch immer den stärksten Reiz gehabt. Noch waren die Umrisse des Winckelmannschen Hellenismus spärlich, — die Sonne eines vollkommenen Zeitalters quoll überall durch, — man sah noch keine Schatten, — — da fühlte schon feiner Künstlerinstinkt das Zukunftsvolle in dem neuen Problem: der derbe Tiroler Koch, der Winckelmann in seinen Lebensschicksalen so verwandte Schleswiger Carstens streckten ihre schönheitsfrohen Hände nach dem märchenhaften Zauberland von Hellas aus und forschten künstlerisch nach den ursprünglichen Linien in den verwelschten römischen Kopieen. — Das ist nun 100 Jahre her; 100 Jahre lang hat der verführerische Zauber des Hellenismus einen immer grösseren Kräfteaufwand von Geschlecht zu Geschlecht erzwungen; 100 Jahre lang hat der Fluch des Märtyrertums, der nur Preller erspart blieb, bei keinem dieser Künstler die Glaubensfreude erstickt; ein Aufstieg in der Durchdringung der Antike ist sichtbar von der homerischen

Einfachheit und Strenge eines Carstens bis zu der sophokleischen Lieblichkeit des Weimaraner Einsiedlers Genelli, — von dem Farbenpoeten Preller bis zu dem malerisch durchtriebenen Gastmahlpathos Feuerbachs; mit der Sicherheit organisch wachsender Natur ist der bleiche Reliefschemen von einst mit seiner Gipsabgussantike Jahresring um Jahresring zu einem mächtigen Baum mit glutvollen Früchten gewandelt. Und damit ist die Frage, die einst in stiller Gelehrtenklause beim Dienst philologischer Wissenschaft gestellt ward, ein modernes Kunstproblem geworden, auf welches die Gegenwart im Werk eines der grössten Zeitgenossen eine dröhnende Antwort gab. —

Woher dieser unwiderstehliche Zauber der hellenischen Antike, der selbst in der römischen Vertrübung viele Jahrhunderte lang wirksam blieb, auf die Epigonen und im Besonderen auf die so ganz andersartige germanische Welt, — — woher diese seltsame Fähigkeit gerade des Deutschen, das Eigenste einer längst toten, blutsfremden, räumlich weit entfernten Kultur zu ergründen und allen anderen Völkern voraus zu einem Leben voll rosigen Nachglanzes zu erwecken? — — — Als Goethe an der Schwelle verzopfter und eng eingeschnürter Vergangenheit das kritische Wort von der naiven Einfalt und schlichten Erhabenheit der Antike aussprach, ahnte dieser grosse Beobachter in seinem Urteil sehr wahrscheinlich das Schlagwort für eine neue, nach Menschsein sehnsüchtige Zeit. Ihm haben wohl kommende Gedanken vorgeschwebt, für die Phidias, Praxiteles, die melische Aphrodite nur mehr letzte be-

Najaden (Baseler Museum).

Mit Genehmigung der Photographischen Union in München.

griffliche Höhe- und Schlusspunkte einer hohen Kultur und als solche statutarische Stimmungswerte wie ehrwürdige Königsgräber in uralten Kathedralen sein würden, — er spürte wohl kommenden Durst frischer Sinne nach menschlicher Verjüngung und wies in seiner kurzen und schlagenden Art auf den Lebenspulsschlag der Antike, ihre natürliche Unbefangenheit hin. Und hier liegt der verführerische Reiz des Hellenismus für den modernen Menschen zu einem Teil. Der reinen Antike ist der Gott ein idealisierter schöner Mensch; das menschliche Ideal ist erreichbar; durch Zufall wird Glaukos Halbgott, durch seine Thaten Herakles Ganzgott. Um das schönste Weib Helena einen sich alle Helenen zum jahrzehntelangen Krieg; das Schmieden der Rachewaffen für Achilles ist ein Staatsereignis; Ajax in körperlichem und der Pelide in seelischem Schmerz schreien laut auf und die Rache des Letzteren kennt keine Grenzen. Der Vorteil adelt die Verschlagenheit des listigsten Helden Odysseus; im schlichten Ausdruck für die polygamische Mannesnatur schildert der Dichter des Letzteren arglose Untreue auf langer Irrfahrt in breiter Behaglichkeit, während er naiv daneben die keusche Frauennatur der im Harren daheim verblühenden Penelope preist. So unbefangen aber vertritt Homer wiederholt das Gesetz der Wahlverwandtschaft, dass er selbst die ewigen Götter im Olymp zu heiteren Zeugen vom Ehebruch der goldenen Aphrodite macht und den Jubel des fröhlichen Gesindels über die Hahnreischaft des hässlichen Hephästos bis auf die Erde schallen lässt. — — — Alle diese Dichterphantasieen aus grauer hellenischer Vorzeit könnten Sinnbilder für die von der neueren Wissenschaft festgelegten Grundtriebe der Menschheit sein . . . . ein so reines Gefühl für das Wesen der menschlichen Natur in ungebrochenem aber nicht mehr rohem Zustande lebt n ihnen, dass in Harmonie mit hoher künstlerischer Form und natürlicher Bildungsfähigkeit hier ein Vorbild, ein Grundakkord gegeben ist: kraftvolle Völker finden für zeitweises Altern da einen Jungbrunnen, der ihre Augen immer wieder zukunftsfrisch macht. Kein Zufall ist es darum, wenn unser Jahrhundert in seinem Erfrischungsdrang sehnsüchtig das Winckelmannsche Erbe aufgriff, als es sich von zopfiger Beengung und unfreien Vorurteilen zu lösen strebte; ihm war der Hellenismus ein Spiegel, — und das hat, glaube ich, Goethe vorausgesehen . . . .

. . . . Das ist es aber nicht allein. Das Rätsel der geheimnisvollen Anziehungskraft der Antike für den Germanen im Besonderen und seine Versenkungsfähigkeit in das Problem einer ihm fremden Rasse hat noch eine andere, überraschendere Lösung. Sie liegt in enger Verwandtschaft von Mythos-Eigentümlichkeiten der beiden Völker. Der antike Mythos ist ein Mythos des idealisierten Menschentums in der Hauptsache; er hat daneben aber einen Naturmythos, der wahrscheinlich der ursprüngliche war, — der in der anmutigsten Ausbildung beim Hellenentum die ganze Natur in allen Einzelerscheinungen mit einer romantischen Halbgötterwelt bevölkerte, — der seine reichste Entfaltung aber vielleicht erst in den letzten Zeiten des römischen Verfalls erlebte. Diese pantheistische Naturromantik ist beim antiken Menschen etwas so Wesentliches, dass sie von skeptischem Atheismus, von verschlagener Lebenskunst, von der Blüte phantasiefeindlicher Technik in den Verfallzeiten nicht unterdrückt wird. Das Grauen vor den geheimen Naturkräften macht noch um den letzten antiken Römer jedes Ding, jeden Vorgang zu einem individuellen vergöttlichten Begriff: im murmelnden Quell, im Brüten dunkler Felsschlucht, im Gesäusel der Kronen, im melodischen Wogenschlag, im Atmen der Nacht, in den Schauern der Einsamkeit offenbart sich ihm eine unsichtbar wirkende Halbgottheit so gut als im Gelingen eines Geschäfts, im Ausgang eines Liebeshandels oder im Würfelspiel, — seine Formeln im Tagesgebrauch für alle diese Erscheinungen sind mit mythologischen Namen verknüpft, die ihm in jedem Augenblick von den Lippen fallen; in Bild und Wort diese halb abergläubische Welt zu formen, ist der antike Mensch ein Jahrtausendlang nicht müde geworden.

Und hier berührt sich derselbe antike Mensch seltsam mit dem Germanen, — die vielgestaltige Götterwelt des Letzteren beruht lediglich auf Naturverkörperung und Naturbeseelung, — auch um den Germanen ist die Natur wundersam lebendig, — ihr Leben ist ihm Offenbarung einer Gottheit in allen Einzelheiten, — er hat weniger individualisierte Namen als die Antike, aber hingegen eine grössere Stufung in denselben, denn das ruhige Meer verkörpert ihm z. B. ein anderer Gott als das stürmisch bewegte. — Freilich ist der germanische Mythos sehr früh in seiner Entwickelung unterbrochen und ein ungeheurer Torso geblieben. Zu frühe, sagt Carus Sterne, gebot die römische Staats- und Kriegstechnik der deutschen Entwickelung Einhalt, — zu früh auch mussten die schöpfungsfrischen Barbarenseelen ihren wilden Nacken unter das Christentum und seine orientalischen Axiome beugen. Daher kam es, dass mehr als ein Jahrtausend lang der germanische Mythos fast vergessen war, seine Asen als Thransäufer verspottet wurden und nur Weniges im Nibelungenlied und einigen Gesängen in geschwächter Fassung für den Durchschnittsdeutschen erhalten blieb. Erst nach Goethes Tagen unternahmen Jacob Grimm und

Simrock ihre folgenschweren Entdeckungsfahrten ins alte Asenland, — nach ihnen gestaltete der Zauberer von Bayreuth die späteren Heldenlieder der Edda zum gigantischen Kunstwerk, womit er u. A. Hendrich zu interessanten Versuchen in bildhafter Behandlung des Mythos anregte, bis neuerdings Hermann Prell in seinem gewaltigen Edda-Cyklus die erste mächtige That der Malerei auf diesem jungfräulichen Gebiet gelang. — Freilich also ist der deutsche Mythos ein Torso und freilich ist er erst in unserem Jahrhundert nach langem Schlaf zum neuen Leben erwacht .... aber tot war er nie .... kaum gekannt in den Sphären der Bildung lebte er immer in der unerschöpflichen Sagen- und Märchendichtung des niederen, unwissenden, unverbildeten Volks fort, in diesen lebendigen Resten der einstigen Barbarenseelen, die sich zäh die Erinnerung an die alten Götter trotz Staat und Kirche erhalten hatten. Und immer auch lebte er dazu als instinktiver Drang des Rassebluts unerkannt in den Gebildeten des Volkes fort. Wenn im akademischen Stil Deutschlands vom 16. bis 18. Jahrhundert die antiken Halbgottheiten gleichsam Scheidemünze des litterarischen wie des persönlichen Verkehrs vielfach waren, so drückt sich hier der germanische Beseelungsdrang der Natur gegenüber und der Druck dunkler, unverstandener Erinnerungen aus, denen die moderne Germanistik noch nicht die Zunge gelöst hatte. Und wenn der Germane noch heute in der merkwürdigsten Verwandtschaft mit der antiken Naturromantik in seiner Heimat keinen Berg, keinen See, keinen Strom, keinen irgendwie besonders geformten Ort besitzt, den nicht die

Volksphantasie zum Wohnsitz eines Naturgeistes, eines noch deutlich erkennbaren Weissalben- oder Schwarzalben-Abkömmlings gemacht hat, — und wenn der blutsreine Deutsche — im Gegensatz zu jedem anderen modernen Volk! — die Natur nur in dieser vergeistigten und individualisierten Gestalt aufzunehmen vermag — — — — so liegt hier die Lösung der rätselhaften Erscheinung: warum die germanische Welt so aufnahmewillig für die Antike allzeit war, — Winckelmann so mächtig wirken konnte, — so zäh die besten Geister am Antiken seitdem trotz einer erwachenden nationalen Gegenströmung halten und sich verbluten mussten, — warum endlich in einer modernen Germanenseele der antikromantische Naturmythos eine so seltsam prächtige und das antike Problem fast erschöpfende Neublüte erwecken konnte, — wie im Werk von Arnold Böcklin. — —

— — Die Renaissance, die italienische Tochter auch einer Wiedergeburt des Hellenismus und einer Verquickung desselben mit dem Christentum, ist das andere grosse Kulturproblem. Auch dieses war dem Germanentum verhängnisvoll, denn es verdrängte im Mittelalterausgang die, wenn auch nicht ursprünglich, so doch in ihrem Ausbau deutsch-nationale Stilweise der Gothik. Der Einfluss der Renaissance auf uns beruht nicht so wie der der Antike auf Wahlverwandschaft, — er ist mehr äusserlicher Natur, — er war von Politik, Gipfelung des gemeinsamen Christentums in Rom, schliesslich von dem ungeheuren Aufwand an Genie und geistiger Macht bedingt, mit dem Italien im Quattrocento und Cinque-

Burg am Meer.

Nach der Radierung von Max Klinger. — Verlag von Fritz Gurlitt.

Mit Genehmigung der Photographischen Union in München.

cento das moderne Lebensideal in grösster Vollkommenheit geformt hat. In ihm haben That- und Bewegungsbedürfnis andere Grundzüge erhalten; das Christentum hat den antiken Einklang von Mensch und Natur längst zerrissen; die Ideale sind unerreichbar, sind ethische Abstrakta geworden; der Einzelne gliedert sich nicht mehr in naivem Sichgehenlassen ins Ganze ein; er lebt und wirkt mit dem Ziel nach Macht und Persönlichkeit für sich; er empfindet mit gesteigertem Wissen und durchtriebenen Denkkünsten seinen Zwiespalt mit der Natur, aber sehnsüchtig sucht er selbst als freiester Geist seine Erlösung nicht mehr bei ihr, sondern in der Askese, — wie Dante. Masse auf Masse thürmt Michelagniolo leidenschaftlich in ängstlich gehüteter Werkstatt, — Persönlichkeit und Gewalt ist der treibende verschlossene Zug bei Lorenzo Medici, den Borgias, Julius dem Zweiten. Ein gigantisches Wesen beherrscht Zeit und Land bis zu den kleineren Geistern und Europa hat in seinem Grössten selbst nur Ansätze, kaum Ebenbürtiges aber entgegenzusetzen.

Aber diese Formenwelt ruht auf der Antike, — durch diese Massen weht auch ein feiner Duft mit Erinnerungen an die antike Naturromantik, die manchmal, z. B. wie bei Botticelli, erwacht und in Giorgione latent ist. Da bleiben neben allem Grossen und Erhabenen in Nebenströmungen ein paar antike Pulsschläge voll Sehnsucht nach der Natur lebendig. Mochten sie mitunter unrein sein wie in den centi novelli von Dantes erstem Katheder philologen Boccaccio, — sie waren doch da, — sie lebten auch in Petrarca, — sie wachsen schliesslich neben

Michelagniolo, Lionardo, Rafael, neben Savonarola und Macchiavelli zu einer bethörenden Kunst bei Tizian und Ariosto: hier verlockt die Sinne der durchtriebenste Naturgenuss, — bei dem die Natur freilich nicht viel mehr als Gelegenheitsmacherin ist, — hier schweift in heissen und abenteuerlichen Träumen die Menschenseele schrankenlos hinaus, um im werkfeindlichen Sinnenkult den süssen Einklang mit der Natur wiederzusuchen. — — Vielleicht ist dieser Zusammenhang der Renaissance mit der Antike die Ursache gewesen, dass die transalpinische Formenwelt dem Deutschen schmackhafter wurde und diese Teilwelt der grossen italienischen Bewegung bis Winckelmann, ja bis heute den grösseren Einfluss auf unsere Kunst ausgeübt hat.

Auch hier stehen wir vor einer geschichtlichen Erscheinung von Bedeutung für die deutsche Kunst, — sie beschreibt den zweiten Bewegungskreis von Arnold Böcklin, dem Ariosto's: »Rasender Roland« sein Lebtag nach dem Wort eines seiner Freunde die litterarische Bibel war!

* * *

Wie aber ein jedes Gewächs in Kraft und Eigenart des Wachstums nicht allein vom Klima, vom Sonnenschein, Feuchtigkeit, Winden, sondern auch vom geeigneten Boden bestimmt wird, so ist's auch mit der Kunst, die ja das empfindlichste und zarteste Gewächs des menschlichen Geistes ist. Bestimmende Ideenkreise und mächtige Formenvorbilder des Auslandes rufen noch keine starke Kunst hervor, wenn nicht ein sorgfältig und lange vorbereiteter Boden vorhanden ist. Die Wahlverwandtschaft allein thuts auch nicht. Die moderne Naturwissenschaft und in ihrer ästhetischen Anwendung der französische Denker Taine haben uns längst den Nimbus gottähnlicher Willensfreiheit beim Kunstgenie, an die unsere Altvordern so schwärmerisch glaubten, zerstört; wir wissen, dass alle grossen Werke aus bestimmten örtlichen wie persönlichen Bedingungen zusammengewachsen sind; wir bewundern heute nicht weniger ergriffen aber doch sachlicher, wenn wir angesichts einer grossen Erscheinung nach deren elementaren Bedingungen mit herzpochender Gelassenheit fragen. Und die heutige Meinung, dass der Strassburger Münster, der Kölner Dom und sein herrliches Dombild von Meister Lochner, das Heidelberger Schloss, — dass alle grossen Kunstwerke in ihrer Vollendung wie Eigentümlichkeit nur am Orte ihres Entstehens also gewachsen sein

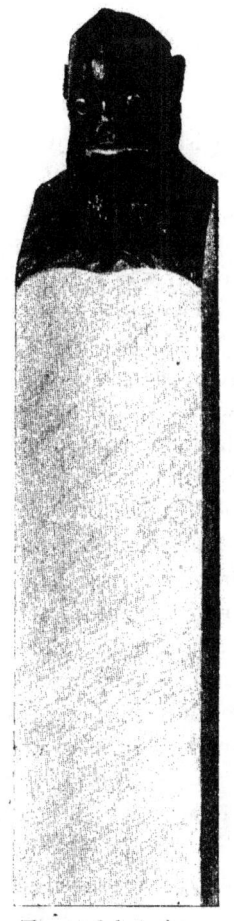

Froschkönig.
(Photographie-Verlag von Fritz Gurlitt.)
Mit Genehmigung der Photographischen Union in München.

können und an jeder anderen Stelle andere Gestalt gewonnen hätten, ist wissenschaftlich so tiefgegründet, dass nichts weiter darüber zu sagen sein wird. Die logische Kraft und das Sammlungsvermögen hier, — dort aber das Aufnahme- und Beobachtungsverhältnis zum Umkreis gelten uns heute mit Recht als der Grundbau aller Künstlergrösse; wir forschen deshalb folgestreng auch, wo immer es geht, nach deren Keimen bei Eltern und Grosseltern. —

Antike wie Renaissance hätten auf das Germanentum keinen so verhängnisvollen Einfluss gewonnen, wenn nicht auch der Boden sorgfältig bereitet war. Jahrhunderte lang war in grauer deutscher Vorzeit der Süden und Westen unserer Heimat römische Provinz und nahe örtliche Berührung zwischen Lateinern und Deutschen Gewohnheit, — mehr als ein Jahrtausend lang ist das Band in diesen Strichen zwischen beiden Völkern immer wieder erneut, — — und davon kommt es, dass fast alle bedeutenderen Kulturerscheinungen in unserer Vergangenheit, welche mit Antike und Renaissance zusammenhängen, in Süddeutschland und den Rheinlanden, in der Schweiz wurzeln. Es ist ein seltsamer Anblick dabei, in unseren frühen Zeiten bis in das Reformationszeitalter hinein zu erspähen, wie römisches Wesen für die ungefüge deutsche Schöpfungskraft meist das fast einzige Werkzeug des Ausdrucks war . . . .

. . . . Auf solcher Spur wanderte ich einst am Bodensee über die alten Kulturmittelpunkte der Franken- und Sachsenkaiserzeit, — ich wanderte im Bann von Scheffels kraftvollem »Ekkehard«, den Echtheitseindruck dieser Kulturdichtung, die seltsame Verquickung von Lateinischem und Deutschem darin zu ergründen. Das Mönchslatein in den ungefügen, waldfrischen Sätzen der Ekkehardchronik in der St. Galler Klosterbibliothek, — die handschweren, sinnvollen Schnitzereien der Tuotiloschule, — der naive Farbengeschmack in Meister Folkhards und seiner Jünger Bildereien, — — der alte Kloster-Münster auf der Reichenau am Seeende und die kleine Oberzeller Kirche mit ihren alten Malereien inmitten der lieblichsten deutschen Landschaft . . . wie sonderbar ging das Alles zusammen und redete mit den Stimmen einer verklungenen Sprache! Mir war das Herz zum Weinen voll, als ich auf den Hohentwiel stieg und lange träumend in die sonnigen Lande hinausschaute und innerlich Viel erlebte; — noch heute hat der stille Platz mit seinen raunenden Winden denselben eigenen Zauber, wie für den Poeten einst, wenn man nur in rechter Stunde und gedankenfroh auf ihm sitzt. Über die alte Römerkolonie Singen an seinem Fuss ging dann mein Weg zur Schienenstrasse, die an Augst, — dem Augusta Raurakorum von einst und Mutterort des erst in der Kaiserzeit auftauchenden Basilea, — vorüber immer an der alten helvetischen Grenze entlang nach Basel führt. Dort aber lag ich in später Nachtstunde aus meinem Fenster in den »3 Königen« und lauschte auf die brausenden Rheinwasser tief unter mir, indessen ein herrlicher Tropfen Markgräfler mein einziger lieber Geselle war.

Und da hob sich's wie ein köstliches Bild aus dem warmen Sommernachtdunkel vor mir . . . die letzten

Wandertage gestalteten sich lockend . . . den Poeten
sah ich am Werk, der diesen Landen entstammte und oft
frohe Jugendtage am Twiel erlebte, . . . ich sah, wie aus
tausend Erinnerungen und halben Eindrücken die dichtende
Phantasie ihm mit der Alemannenecke hier drunten ver-
wuchs, bis er die geheimsten Stimmen und Eigenheiten
zum echten Gepräge zusammenschweissen konnte. Und
jetzt drängte sich mit dem klaren Einblick in das
Ekkehardproblem zugleich Bild an Bild: die Zeiten der
römischen Herrschaft, der Karolinger, der Hohenstaufen,
— Nürnberger, Augsburger, Baseler Glanztage glitten
eilends vorüber, — köstlicher Fahrten in Franken, dieser
Bodenseetage, der herrlichen Rheinthäler bis Köln hinauf
entsann ich mich . . . . immer deutlicher hoben sich be-
sondere Eindrücke davon heraus . . . . altrömische Unter-
bauten, Brückenreste, Waffen, Gefässe, Funde aller Art,
die ich draussen und in den Museen auf meinen Streifzügen
erblickt, kamen mir zu Sinne, — Sarkophage mit Namen, die
abgedämpfte Zeugen einst pulsierenden Lebens schienen
und vor deren Einem in Köln ich einst verglichen, wie
viel sinnfälliger, packender hier der Eindruck davon war,
als von Ähnlichem daheim, weil es daheim nicht dem
Boden entnommen, sondern eine verschriebene archäologische Kuriosität war . . . . und jetzt flimmerte es plötzlich vor mir, läutete es sonderbar um mich und pochten
mir in tiefster Erregung die Pulse: ein feiner Kirchhofsduft wehte herauf . . . ich empfand etwas deutlich, was
immer unerkannt auf diesen Fahrten mit mir gewesen
war . . . ich glaubte noch nachträglich ein Klirren von
Waffen, Scherben, Trümmern in Tausenden von Gräbern

zu hören, über die mein längst verhallter Schritt durch diese römischen Grenzlande geschritten war!

Und das blieb bei mir, als ich anderntags am Münsterplatz droben auf der einstigen Kastellstätte der Römerzeit den alten Münster mit seinem reizvollen Gesicht beschaute und durch seine Aussenhallen an verwitterten Grabsteinen mit manchem wohlbekannten Namen vorbei wanderte, — das liess mich mit merkwürdigen Augen in den harten, unschönen, energischen Bürgergesichtern der zur Festfeier ausrückenden Stadtmiliz nach letzten Sprossen irgend welcher römischen Landsknechte nicht vergeblich forschen. Wie ich aber meine Festfeier dieses Tags im Museum vor »Holbein« und »Böcklin« hielt, da lächelte ich still vor mich hin und wusste in froher Erkenntnis, warum Jener sich hier so gerade, aufrecht und schön auswachsen konnte . . . und warum gerade hier in diesem lieblichen Rheinwinkel zwischen Schwarzwald, Jura und Vogesen dieser Andere so fabelhaft fein den Pulsschlag der Antike erlauschen und ihn als berückende Würze mit kraftvoller germanischer Art zusammenfügen konnte. Wunder, Zeichen- und Zauberspuk schienen mir zur Begründung seiner Einzigart nicht mehr am Platze. — er brauchte nur helläugig durch seine Jugendtage gegangen sein und gedankenvoll um sich geschaut haben, — dann musste er Ähnliches werden als er geworden ist. —

Maske vom Baseler Künstlerhaus.
Mit Genehmigung der Photographischen Union in München.

* * *

Um die Kunst wie die Person von Arnold Böcklin hat von jeher, seit man Beide kennt, ein geheimnisvoller Nimbus geschwebt; seine Kunst war zu eigenartig, um nicht eine starke Neugier nach seiner Person hervorzurufen, — er wusste sich dabei so dauerhaft vor der Öffentlichkeit zu verbergen und gab so wenig Anlass zu Gerüchten über seine Person, dass etwas ganz Geheimnisvolles mit ihm war. Ich habe seit Beginn der 80er Jahre, da ich zuerst Werke von ihm sah, bis heute noch nicht die kleinste Niederträchtigkeit ihm nachreden hören, — und das will in den heutigen Kunstkreisen wirklich etwas besagen. Aber man hat sich trotzdem sehr viel mit ihm beschäftigt, — es giebt eine ganze Legendenbildung über ihn und viel Irrtümer, die aufzuklären und zu zerstören Jahrzehnte erfordern wird, — sein Nimbus und seine beharrliche Schweigsamkeit haben phantasievolle Köpfe eben ausdauernd in Schwung erhalten.

Diese Zurückhaltung des Künstlers ist um so bedauerlicher, als Böcklin litterarisch bei seinem hohen Bildungsstande wahrscheinlich Vieles und Bedeutendes zu sagen hätte. Wir sind in der deutschen Litteratur ohnehin trotz Richter und Feuerbach arm an Künstlerbekenntnissen; die deutsche Sprache ist noch nicht so ausgeschliffen wie die französische z. B., — sie ermöglicht heute noch nicht ohne Weiteres einem Nichtstudierten die eigene Lebensbeschreibung in anziehender und ernster Form; das ist vielleicht die Ursache für die Scheu unserer Künstler vor der litterarischen Äusserung, aber auch für die Ungeschicklichkeit, mit der sie, wo es einmal geschieht, sofort zu posieren und zu schauspielern anfangen, während sie sonst in ihrer Kunst die ernsthaftesten Leute sind. Die köstlichen Quellen der Menschenkenntnis, welche in den Bekenntnissen von Goethe und Gottfried Keller, von manchem viel minderen Dichtkünstler und Schreibersmann fliessen, versagen in der Malerei . . . . unsere Künstler kennen den grossen Reiz einer Rechenschaft über ihr inneres Wachstum, einer Enthüllung ihrer Menschennatur ohne Rücksicht auf die Vorurteile der misera plebs noch nicht.

Inneres, Erlebtes, mit Bewusstsein Gewordenes kennen wir auch von dem schweigsamen Schweizer nicht. Man stösst fast nur auf marktgängiges Schema der Jugend bei ihm, — auf jenes mit dem bekannten Vater, »der nicht will, was der Sohn will«, — man kriegt noch ein paar schöne Jahreszahlen und ein paar ebenso schöne Anekdoten als Zugabe, womit die Sache ein Ende hat. Es ist ein Glück dabei, dass seine Werke selbst so Viel erzählen, — ja oftmals mehr als Arnold und seine Freunde Hinz und Kunz selbst erzählen könnten, weil das richtige Lesen in den Schicksalen eines bedeutenden Lebens nicht Jedermanns Sache ist und weder mit Malenkönnen noch Freundschaft notwendigerweise zusammenhängt. —

Böcklein ist nach seiner eigenen Angabe am 16. Oktober 1827 in Basel geboren; seine Geburtsangabe im dortigen Kirchenbuch ist nach des Künstlers Erklärung falsch; die Legendenbildung beginnt sonach schon bei seiner Geburt. Sein Vater war ein reicher Seidenbandwirker und Kaufmann, und einer ferner angesessenen Verwandtschaft gleichen Namens nach scheint die Familie zu den Älteren und Angeseheneren zu gehören.

Mehr ist im Augenblick nicht zu ermitteln. Jung-Arnold besuchte die Lateinschule zu St. Alban und später daneben die städtische Zeichen-Anstalt, in der ein gewisser Kelterborn sein erster Kunstmentor ward. Früh zeigt sich der Kunsttrieb, — früh ziehen Musik und Poesie den gesunden, starken, etwas abseits gehenden und die Einsamkeit liebenden Knaben an. Interessanter Weise gewinnt der Knabe auch schon früh ein intimes Verhältnis zu den herrlichen Holbeinwerken des Baseler Museums, die bekanntlich der einstigen Sammlung von Holbeins Freund, dem jüngeren Amerbach, entstammen. Holbeins Maltechnik wie Stil drücken sich dabei so tief in die jugendlich eindrucksfähige Vorstellung ein, dass durch das ganze Künstlerleben ein sichtbares Zeichen davon bleibt. Der schweigsam durch die stillen Räume wandelnde junge Baseler aus den 1840er Jahren wird in diesen vielen Andachtsstunden kaum geahnt haben, dass seine Werke einst der zweite Anziehungspunkt und der Holbein parallele Ruhm der erlesenen kleinen Gallerie sein würden; aber er gewöhnte sich daraufhin ahnungslos an den Ort, — was auch eine Art von Vorbereitung ist.

In diesen Jahren wuchs nun die Sehnsucht der jungen Seele nach der Welt des schönen Scheins bis zum ersten reifen Keim, bildeten sich die Pfade der Knabenträume und festigte sich der innere Widerstand von Arnold gegen die Welt draussen. Bald kamen die ersten hässlichen Berührungen mit der Wirklichkeit. Der Vater sah als Seidenbandwirker die farbengeschmackverfeinernde Kunstliebe des Jungen nicht ungern, aber von einem Kunstberuf wollte er nichts wissen. Und da Väter nach einem jener törichten Gemeinplätze, welche das Wesen der auch bei Vätern verschiedenen Einsichtsgrade verleugnen, immer in dem Recht haben, was den Söhnen frommt, so half es Arnold nichts: er musste in die Weberei und das Geschäftszimmer, um das Geheimnis des Briefkopierens und die höhere Mathematik beim Ausmessen von Seidenband Elle für Elle zu ergründen. Wie oft mochte da über einer Adresse nach dem fernen Ausland, über dem Knistern der Seide und gaukelnden Farben derselben ein Schauer durch die junge Seele gezogen sein und jene verzehrende Sehnsucht nach dem Unbekannten der Ferne und der Zukunft geweckt haben, die nun einmal mit dem Kunsttrieb in der Jugend eng zusammenhängt. Diese Stimmung wurde übergewaltig; der Junge wird unverantwortlich viel Dummheiten in seinem freudlosen Beruf gemacht haben; der Alte war einestags endgiltig mürbe. Die dauerhaften Einwände der Mutter und eines väterlichen Freundes, des Germanisten Wackernagel, wirken mit, — ein alter Germaniste, der einem künftigen »ollen Jriechen« auf die Beine hilft . . . welch' drolliger Hinweis auf den Rasseninstinkt! Der Junge darf in die Kunst und irrt jetzt in ihren Vorhallen mit der Unsicherheit der Begabung, die sich noch nicht irgendwo festgebissen hat. Bei Calame in Genf gefällt es ihm nicht, — er zieht 1846 zu dem romantischen Landschafter Schirmer. Auch Feuerbach war damals in Düsseldorf und schmachtete bei dem Querkopf Schadow, — aber noch sollten die beiden, in so Vielem mit einander verwandten Leutchen sich nicht begegnen. —

Was zog Böcklin zu Schirmer nach Düsseldorf? Ein

in wenig Farben hergestelltes Ölbild des Sechzehnjährigen von 1843, — eine phantastisch beleuchtete »Felsschlucht« mit Wasserfall, — kann als merkwürdige dunkle Vorahnung von romantischen Zukunftsträumen die Antwort geben. Das Romantische zog ihn an. Das ist um so seltsamer, als mit Ausnahme dieses Bildes der junge Böcklin sonst nichts Romantisches hat, vielmehr ein oft trockener und nüchterner Beobachter ist und überhaupt kaum mehr als ein mässiges Talent verrät. Seine Zeichnungen, seine Holzach-Bildnisse, ein paar kleine Landschaften in Calames und Rottmanns Art sind unromantische Versuche pedantisch-sauberer Provinzialschule. Diese frühsten Erzeugnisse des jungen Schülers sind die interessantesten Phänomene dafür, dass Böcklin weder ein geborner Maler noch ein geborener Poet war. Sein Genie ist Ergebnis allmählicher Häutungen, kein angeborenes wie das von Dürer, Menzel, Klinger, die im Kindesalter kindlich-unreife, aber unzweifelhafte Beweise von einer begnadeten Hand geliefert haben. — Dies überraschende Ergebnis schliesst allerdings nicht aus, dass Phantasie und Gemüt beim jungen Künstler bereits eine viel höhere Stufe einnahmen, als jene Machwerke obenhin verraten, — ich glaube dies aus einer jener Landschaften wenigstens herauszulesen und vermute danach, dass die Scheu des Verschlossenen und Unterdrückten ihn von rücksichtsloser Selbstgabe zurückgehalten; etwas Mimosenhaftes und vor der Berührung mit der Welt Zurückschreckendes hat Böcklin ohnehin immer offenbart.

Und hier war nun Schirmer für den Anfang der rechte Mann für ihn, denn er machte ihm Mut. Es giebt

Bilder des Meisters, die der Schüler in Rom später gemalt haben könnte; immer wieder einmal taucht späterhin der Meister in Werken des Jüngers auf, wenn dieser sich in verfehlter Richtung festgemalt, — immer wieder stählt der feine, für jene Zeit so freie Schirmersche Kolorismus sein Selbstvertrauen. Kaum aber hat Schirmer Böcklin die Zunge gelöst, da fängt es in ihm zu gähren an und eine zigeunerhafte Unruhe kommt über ihn. Die zarte Anmut des Schirmerschen, die weiche Ritter-, Räuber- und Gräber-Romantik, der eklektische Klassizismus der übrigen Düsseldorfer genügen seinem Durst nach grösseren Eindrücken so wenig, als vorher das liebliche Idyll der Calame'schen Werkstatt. Er geht für einige Zeit 1847 auf die Akademie nach Antwerpen, dessen altertümliche Heimlichkeit ihn jedoch so wenig hielt, als das Museum und die strenge Schule, — bald ist er auf ein Halbjahr nach Brüssel übergesiedelt, wo er auf eigene Hand Rubens und die Niederländer des Quattrocento studiert und kopiert. Hat er damals Bilder von Wiertz oder den seltsamen Mann selbst kennen gelernt? Die Gewissheit darüber wäre interessant; der grosse Sprung mit den ersten Schauerphantasieen für Schack späterhin hätte damit eine historische Vorbedingung; die Pariser Erlebnisse erklären diese kleine Bilderreihen nicht ganz. — Auch das stimmungsvolle Brüssel hält den unruhigen Feuerkopf nicht. Er drängt nach Paris, wo der neuartige französische Kolorismus in Blüte stand und Couture soeben seine berühmten »Römer der Verfallzeit« unter grossem Aufsehen in ganz Europa ausgestellt hatte.

Paris wird schicksalgebend für Böcklin. Die malerische Freiheit und Kühnheit seines Pinselstrichs namentlich in den 60er Jahren, aber auch weiterhin, schreibt sich von dem virtuosen Eindruck der durchtriebenen französischen Kunst jener Tage her, — dazu aber gesellen sich erschütternde Eindrücke für den Menschen. Er kommt in die politischen Stürme der 48/49er Jahre hinein und kriegt die ärgsten Gräuel zu Gesicht; er wird einmal sogar wider Willen in einen Barrikadenkampf hineingerissen; unter seinen Fenstern werden gefasste Rebellen erschossen, — vor den entsetzten jungen Augen spielen sich erschütternde Trauerspielakte von der losgelassenen Menschenbestie ab. Dazu bricht das Unglück von Aussen grausam über ihn herein; das reiche väterliche Haus wird wie so viele Handelsgeschäfte während jener politischen Wirren in Europa bankerott; der verwöhnte Sprössling steht gegenüber dem Nichts und muss in verzweifelter Not sein Leben von Almosen für anatomische Illustrationen fristen. Paris bringt ihm das gleiche Elend, wie 7 Jahre später Richard Wagner.

1849 kann sich Böcklin an der Seine nicht mehr halten; er geht nach Basel zurück und genügt dort seiner Militärpflicht. Dann aber macht für einen Augenblick ein günstiger Wind sein Lebensschiff flott und treibt es 1850 nach Rom. Seine künstlerischen Kinderjahre schliessen hier ab . . . . in die nichtssagenden Bildnisumrisse der ersten Jugend mischen sich allmählich duftige Farben . . . man fängt sacht an, einen Vierdimensionalen in ihm zu wittern . . . wohin es gehen würde mit ihm, weiss man indessen noch nicht! —

* * *

Sommertag.
Nach der Radierung von Max Klinger. (Verlag von Fritz Gurlitt.)
Mit Genehmigung der Photographischen Union in München.

Böcklin und Rom von 1850—56. Das damalige Rom hatte noch Viel von dem heute verblichenen Vergangenheitsglanz, — die tote Pracht zweier grosser Kulturen lag noch offen zu Tage, — das wunschlose Idyll von Winckelmanns Zeit und den nazarenischen Blütetagen, in welchem die Päpste das patrimonium Petri freilich nicht zum Vorteil seines staatswirtschaftlichen Wachstums erhielten und das auf alle Fremden den Eindruck eines wirklichkeitsfeindlichen buon retiro für betrachtungsstille Musse hervorrief, war damals noch wenig erst von dem Hauch der neuen Zeit berührt. Der alte Koch war noch nicht allzulange tot, — es lebten noch dauernd oder vorübergehend dort Einige aus dem einstigen Nazarenerkreise, — das Haupt Cornelius selbst kam noch wiederholt an die Stätte idealgestimmter Jugendtage zurück. Es war noch das Künstleridyll, das jeder mit Talent Strebende gekannt haben musste, — das aber vielen deutschen Künstlern verhängnisvoll geworden ist. Wo der Franzose, Spanier oder Pole sich an dem mächtigen malerischen Eindruck obenhin genügen liess, trieb den Deutschen leicht der Ernst und das Kritische deutscher Bildung in die Tiefe, — und dieser litterarisch-wissenschaftliche Erkenntnistrieb ist meist wie eine ätzende Säure auf den zarten Organismus noch nicht gefestigter Begabung gefallen. Viele, die hoffnungsfreudig auszogen, kamen als theoretische Stilfexe geknechtet von dem mächtigen Eindruck der künstlerischen Welthauptstadt zurück. Rom ist für die ältere deutsche Kunst in sehr vielen Fällen dasselbe Verhängnis gewesen wie Paris für die heutige.

Nur die Stärksten, wie Begas und Feuerbach, gingen als Künstler nicht unter — auch Böcklin haben 7 Römerjahre keinen Schaden an Leib und Seele gethan. Er blieb der robuste Schweizer mit dem gereiften Seelenleben, trotzdem er noch immer keine charakteristischen Kunstwerke, sondern nur feine Bilder in merkwürdiger Stilakrobatik malte, — er liess sich durch Nichts blenden, sondern betrachtete jetzt wie noch späterhin den Ort als einen erwünschten Rückzugswinkel, in dem er einsam und unbeachtet die Mauserung seines Genies abwartete und mit gespannter Selbstbeobachtung diesen ihm neuen Prozess knisternden Sichdehnens und Wachsens seiner Träume behorchte und belauschte. Er schafft sehr wenig. Er bummelt in anscheinend thatloser Grübelei viel umher. Er entwickelt die ihm eigene Fähigkeit, seine Umgebung anteillos zu übersehen, — sich aber mit voller Kraft anzuklammern, wo ihn ein Eindruck reizt.

Nur die Landschaft reizt ihn einstweilen und das Naturleben der höheren Kreatur in ihr. An den Denkmalen der Antike wie der Renaissance geht er im Anbeginn fast teilnahmslos vorüber, — er beschränkt sich auf den litterarischen Genuss der beiden Zeitalter, — er verweilt, während er wohlig das sonnige Klima und die farbenschöne Welt zu seinen Sinnen sprechen lässt, mit seinen Träumen in einem unerreichbaren Nirgendheim, wie das bei begabten und sinnlichen jungen Menschen oft vorkommt. Seine Gedanken haften allenfalls an der — Vergangenheit. An der Vergangenheit! Man stösst hier zuerst auf eine eigene Art seines Wesens; ihn reizt nie fast das Gegenwärtige; nach Jahren oft und an weit entfernter Stelle taucht ihm plötzlich Vergangenes in greifbarer Plastik auf: Werke, Orte, Stimmungen, Erlebnisse werden mit einem Male lebendig und setzen sich in Kunst um. Das kann man durch sein ganzes Leben verfolgen. — So ist es in Rom. Schirmer in Düsseldorf, Rubens, die alten Niederländer, Paris mit Poussin, Basel mit Holbein ziehen lockend vor dem zweiten, dem inneren Künstlergesicht vorüber, — hier und da wird ein von Fall zu Fall eigenes, fast immer virtuos gemachtes, originell und liebevoll gesehenes Bild daraus, das je nachdem an alle diese Stile anklingt. Er ist jetzt ein landschaftslyrischer Tausendkünstler von fraulicher Zartheit, — er ist oft ein frühreifer Meister, der seine Stilweisen fast so häufig wechselt wie ein Kavalier seinen Jahreszeitanzug.

Kleine Landschaften von süssem Farbenschmelz, — ein drolliger »Faun, der einer Amsel vorpfeift«, — die sehr tiefgestimmte warme »Landschaft mit der Nymphe« bei Schack, — die anmutige Brunnenlandschaft bei Ernst Seeger, — eine andere Landschaft bei Krupp sind solche berückenden Frühblüten.

Die sorglose Heiterkeit dieser Bilder lässt nichts von dem bitteren Daseinskampf dieser Jahre ahnen. Nur ein dem Leben gegenüber gleichgültiger und dem Schicksal vertrauender Mensch konnte so helläugig in aller Armut und Not malen, — konnte 1853 den schweren Schritt unternehmen, seine Lage durch eine Heirat mit einer bildschönen und blutarmen Römerin, Angelina Pascucci, noch sorgenvoller zu machen. Freilich hatte ihn sein dunkler Trieb richtig geführt, denn das Glück dieser Ehe gab ihm die Spannkraft, die er noch lange zum Durchdringen gebrauchte. — Man sieht ihn und sein blutjunges Weib auf einem Bildchen dieser Zeit Hand in Hand an einer Parkmauer lustwandelnd. Ein liebliches Vertrauen zu dem Manne spricht sich in ihrer sicheren Haltung und dem Frieden der versonnenen Züge aus, — keck in aller Verträumtheit der Augen schreitet er in seinen Pumphöschen neben ihr hin, — ein aufrechter Mensch im Sinne Gottfried Keller's; er nimmt das Leben ohne Aufregung hin und lässt sich die sicher gezogenen Kreise durch Zufälle nicht verwirren.

Sieben Jahre hatte Böcklin in Rom gekämpft. Nur die Bewunderung eines kleinen Künstlerkreises stärkte ihn und gab seiner Spannkraft den nötigen Widerhall: Reinhold Begas, Passini, Feuerbach. Der Letztere, erst Monate nach seiner Ankunft von Begas zu Böcklin geführt, stürzte unmittelbar danach in die Werkstatt seines späteren Biographen Allgeyer mit den Worten: »Ich muss von vorn anfangen!« — Aber das half Böcklin nicht, — er konnte sich nicht halten, weil er die Kunst der kleinen Talente, sich zu machen, nicht verstand und überall durch seine engen Verhältnisse behindert war. Gute Freunde verhandelten ihm eine kleine erste Fassung des »Pan im Schilfe« an eine deutsche Dame, um ihm Reisegeld zu schaffen; sicherlich aber hat die Dame geglaubt, eine That der Barmherzigkeit mit dem Erwerb eines schlechten Bildes gethan zu haben. Und dann brach Böcklin mit den Seinen auf. Allgeyer erzählt es anschaulich in seiner prächtigen Feuerbach-Biographie. In dämmeriger Morgenfrühe eines regenfeuchten Tags ging die Abreise vor sich; Böcklin sass auf dem Bock neben dem Vetturino und hatte eines seiner dichtverhüllten Kinder im Arm; im Wagenkasten sass traurig die junge Frau; das Gefährt umstanden Begas, Feuerbach, Allgeyer in gedrückter Stimmung, um ihren genialen Genossen und den Bass ihres Gesangsquartetts nicht grusslos ziehen zu lassen. »Sie werden's in Rom nicht durchfechten, — denken Sie an mich!« rief Böcklin zu allerletzt prophetisch dem ebenso hart um sein Dasein kämpfenden Feuerbach zu. — —

Auch in München sollte Böcklin noch eine schwere Prüfung beschieden sein. Zunächst entsteht eines seiner merkwürdigsten Bilder in der zweiten und grösseren Fassung des »Pan im Schilfe« (Münchener Pinakothek). Pecht erzählt, dass es bei seiner Ausstellung 1857 ein unbeschreibliches Aufsehen machte und alle Welt zur Frage nach dem unbekannten Maler veranlasste. Ein Schweizer sei er, sagte man, der mit seiner Familie mittellos von Rom angekommen und mit zweien seiner Kinder schwer am Typhus, — der damaligen Münchener Ortskrankheit, — darnieder liege. Die Pinakothek kaufte das vielbesprochene Bild und brachte damit Hülfe in höchster Not. Das Schlimmste in Böcklins Lebenssorgen war jetzt vorüber.

Der »Pan im Schilfe« ist ein epochemachendes Bild und mutet uns heute dennoch altmodisch an, — es ist der einzige altmodische Böcklin, den ich kenne. Man versetze sich in jene Zeit mit Hilfe unserer Museumssäle und vergleiche die ganze Gebundenheit der damals üblichen Naturbeobachtung mit dieser ungeschminkten, fast nüchternen Wahrheit von Luft und Licht, mit dieser rücksichtslosen Naturtreue und Sachlichkeit in der Darstellung des im Schilf Mittagsrast haltenden Pan, — und man wird die naive Kühnheit des Malerauges und das Aufsehen dieses geschichtlich ersten »modernen« Bildes in Deutschland bei den Münchener Künstlern begreifen; man erwäge dazu, dass bei den Franzosen die drei M. der modernen Malerei und Courbet damals teils noch nicht schufen, teils noch nicht zu ihrer Sendung gekommen waren. Das Werk war neu und grossartig aus sich heraus. Das Bild ist eine erste That, worin das Altmodische begründet liegt, — es war ein Versuch, den Böcklin nicht fortgesetzt hat, und über den Versuch geht es nicht hinaus. — Interessant ist das Panbild aber auch deswegen, weil Böcklin auf ihm zum ersten Male eine grosse selbständige Figur gleichwertig mit der Landschaft und nicht als Füllsel dargestellt hat. Der Pan ist der Vorläufer auch seiner späteren bedeutenden Figurenmalerei. —

In München erhält Böcklin nun aus irgendwelcher Anregung heraus den Auftrag, die Villa des Konsuls Wedekind in Hannover mit Wandgemälden zu schmücken. Als Rosigseher weitere Aufträge danach erhoffend, siedelte der Künstler mit den Seinen sogleich nach der Leine-Stadt über und malte die Werke an Ort und Stelle. Die etwas überschätzten Bilder sind in Tempera auf Leinewand gemalt und hängen jetzt beim Sohn des einstigen Bestellers in Berlin. Die »Beziehungen des Menschen zum Feuer« bilden den Vorwurf; der Mensch spielt nur eine lose und nicht bedeutende Rolle darin; die Landschaft hingegen, bei der Schirmer Pathe gestanden hat, ist farbig interessant; bemerkenswert im Übrigen ist das erste Auftauchen der »Prometheus-« wie »Burgbrand-«

Idee innerhalb dieser Folge. Nachdem die Abnahme der Bilder durch den Besteller noch durch Zwistigkeiten gestört worden war und ein magerer Vergleich erst den Streit beigelegt hatte, gab Böcklin den Versuch zur Bedründung einer Kunstaera in Hannover auf. Seiner harrte bald eine grössere Aufgabe.

1860 ist Böcklin wieder in München, wo sein Panbild inzwischen für ihn gewirkt und der geistvolle Dichter und feine Empfinder Paul Heyse sowie Graf Schack sich für ihn begeistert hatten. Diese sorgten nun thatkräftig weiter, wobei eines der wichtigsten Kunstereignisse des Jahrhunderts erwünschte Gelegenheit bot. In Weimar nämlich war der kunstsinnige Grossherzog Karl Alexander, der Wiederhersteller der Wartburg, eben am Werk, die grossen Weimaraner Überlieferungen zu erneuern. Mit bewundernswürdigem Scharfblick erkannte der hochgebildete Fürst, dass der Schwerpunkt für die nächste Kunstentwickelung nach Goethe und Schiller in der Musik wie in der Malerei beruhen würde; er berief Liszt nach Weimar; er gründete eine Kunstschule dazu. Wenn er Lenbach, Genelli, Reinhold Begas berief, — Preller schon zu den Seinen zählte, — den sich aus Rom nicht lösen wollenden Feuerbach gern gewünscht hätte, — und kaum dass Heyse und Schack Böcklin empfahlen und Arbeiten von ihm vorlegten, diesem eine Professur übertrug, so ist angesichts des heutigen Weltrufs dieser damals fast allesamt noch sehr jungen Künstler die Urteilssicherheit des Grossherzogs eine verblüffende. Trieb das unruhige Blut des Musikers wie des Malers diese Berühmtheiten später auch wieder fort, weil sie anders als der sein

Glück im Idyll suchende Dichter nach dem brausenden Leben draussen verlangten, so bereiteten sie sich in der Ruhe von Weimar doch auf Künftiges vor. Sicher aber ist diese Spanne des Zusammenwirkens grosser Kräfte in Weimar ein wichtiger Punkt in der Jahrhundertskunstgeschichte und für die Gegenwart bedeutungsvoller als die Münchener Cornelius-Periode. Für Böcklin ist Weimar überhaupt der Angelpunkt seiner ganzen Laufbahn geworden. Alles Vergangene könnte in seinem Leben fehlen, aber von Weimar ab nichts mehr, weil hier der grosse Künstler in ihm erwacht. — — Als Böcklin hoffnungsselig und erhobenen Hauptes von München fuhr und bei Nymphenburg etwa draussen noch einmal herzlich und dankbar nach den Frauentürmen, dem Wahrzeichen der ihm teuren Stadt, zurückschaute, da machte das innere Künstlergesicht mit seinem Weitblick ein Wetterleuchten in feuchtem Auge sichtbar: traumhaft dahinten, nach Süden zu, ersah er ein Dämmerbild seiner Jugend mit ihren Jahren irrenden, ungleichartigen Suchens, ihren Entbehrungsleiden und ihren Werken, die mehr Glücksfälle als wurfsichere Glieder eines grossartigen Systems waren; die Apriltage seines Adeptentums waren heute vorbei, — goldige Maienzeit zog von morgen ab in die Kunst des 33jährigen Schweizer Malers ein. — —

* * *

Weimar 1860—1862. Böcklins seconda maniera, — rechnet man alles Frühere wegen seiner Ungleichartigkeit zum ersten Stil, — beginnt mit 1860. Aus lauter genialen

Venus, den Amor entsendend.
Nach der Radierung von W. Wörnle.
Mit Genehmigung der Photographischen Union in München.

Versuchen von maltechnischer Virtuosität bisher, entfaltet sich fast mit einem Male deutlich sichtbar der bedeutende Künstler, dem Wurf auf Wurf mit voller Sicherheit gelingt und jedes Werk Offenbarung einer eigenartigen und innerlich abgeschlossenen Anschauungswelt wird.

Die Gründe für den fast plötzlichen Aufschwung liegen nahe. Der kinderreiche jugendliche pater familias aus der Schweiz mit der mühselig verdeckten Kleinseligkeit der Lebensverhältnisse ist über Nacht Professor geworden, — hat die idealschöne Pflicht, in begabten Jugendseelen den Zauber der Schönheit wachzurufen; er verfügt plötzlich über ein sicheres, durch Aufträge des

Grafen Schack behaglich erweitertes Einkommen; der Kunstzigeuner von gestern gehört heute zu der aus Geburts- und Geistes-Aristokratie anziehend zusammengesetzten Gesellschaftselite von Weimar, — von Weimar, wo jeder Pflasterstein seine grosse litteraturgeschichtliche Überlieferung hat. — — — Dazu kommen die mächtigen Anregungen eines einzigartig zusammengestimmten Kunstlebens auf engem Raum innerhalb einiger Jahre: der mächtige Eindruck von Liszt und dem ihm zuströmenden Schülerkreis aus ganz Europa, — die nahe Berührung mit reiferen Genossen wie Genelli, dem römischen Freunde Begas, mit Preller wenigstens in der letzten Zeit . . . schliesslich aber auch nicht am Wenigsten der tiefe Einfluss, den Weimars grosse Gräber auf einen litterarisch feingebildeten Künstler wie Böcklin hervorrufen mussten. Ein aristokratischer Geistmensch wandelt niemals unbeeinflusst über Stätten hinweg, auf denen grosse Menschenwerke geschehen sind . . . allzu spürbar bleibt ihm stets etwas von dem Odem, der die Schöpfer jener Dinge beseelt hat, und regt ihn zu stillem Nachforschen an.

Böcklin entwickelt seine erste reife Gedankenwelt weniger aus sich heraus, — er wird durch die neue Umgebung in sie hineingehoben. Sehr bezeichnender Weise wirkt sie auf die Fruchtbarkeit seiner Malerei zunächst nicht stark ein; er lässt sich wie in Rom zuvor treiben, — er sammelt Eindrücke und wächst sich still dabei aus, während er zu spintisieren und Allotria zu treiben scheint. Nämlich gerade in den sorglosen Weimaraner Tagen hängt er mit dem Eigensinn des Genies nichtkünstlerischen Liebhabereien nach. Weiss der Teufel,

wie er darauf verfiel: ihn quält mit einem Male das Problem der Flugmaschine. Jene merkwürdige Erscheinung, dass mit der grössten Kunstbegabung oft die fremdartigsten Neigungen und Fähigkeiten verknüpft sind, zeigt sich auch bei ihm: dieser gewaltige Phantasiemensch hat den verhältnismässig ebenso seltenen mathematischen Verstand. Sein Scharfsinn leitete ihn zu einer Zeit, als die meisten Sucher noch über dem unmöglichen Luftballonsystem grübelten, auf die heute — nach 40 Jahren! — allein als aussichtsvoll geltende Zugrundelegung des Vogelflugs. Helmholz soll gesagt haben, dass eine Lösung dieses Problems nur auf der Bahn Böcklins denkbar wäre.
— — So drollig auch der Ernst des Künstlers bei solcher scheinbaren Spielerei sich ausnimmt, so ernsthaft ist die Sache an sich. Wenn der bisherige glänzende und begabte Malvirtuose plötzlich eine überraschende Vertiefung seines Ideen- und Seelenlebens zeigt, so erklärt sich dies nicht allein durch das Milieu Weimar: auch die scharfe Beobachtung des Gegenstandes bei seinen Liebhaberei-Versuchen, das Schlussziehen, Umbilden, die Methode stärken Denkkraft und Augensinn in höchstem Grade und werden die mächtigsten Helfer nun in der Kunst. Wenn Michelagniolo seine Sonette baute und in wohlgemeisselten Rimen seine Gedanken über Welt und Kunst niederlegte, — wenn Leon Baptista Alberti, Lionardo, Dürer, Klinger scharfsinnige ästhetische Theorieen erdachten, Goethe naturwissenschaftlichen, Wagner ethischen und socialpolitischen Problemen kostbare Zeit widmeten, so erkennen wir daraus ein künstlerpsychologisches Gesetz: sie ritten ihr Gehirn quasi für

mächtige Gedankenpflüge zu und schufen energisch für die Kunst, wo sie dieselbe anscheinend verliessen. Böcklin that mit einem fast auf der Stelle nachweisbaren Erfolg das Gleiche; nur war er der Sohn seines Jahrhunderts: er opferte den Wundern der Technik.

Die Böcklinische Maltechnik hat den ersten handgreiflichen Gewinn davon. Sie ist eine der besten und vollkommensten der Gegenwart; sie ist ganz originell in der eigenhändigen Zubereitung und Prüfung, aber auch in der Verwendung der Farbe; die Echtheit eines Böcklinischen Bildes wird schon deswegen künftig niemals eine Streitfrage sein können. Alle Malweisen der Vergangenheit sind in seinen Versuchen erprobt; das von ihm erfundene Fresko in Basel hat sich in 30 Jahren anscheinend gar nicht verändert; meist malt er in der Weise der Alten mit Tempera, das er mit einem Firniss von magischem Glanz deckt: namentlich später zieht er die Holztafel der Leinewand vor. Die Güte dieser Technik ist dabei so gross, dass seine Bilder nie reissen oder verderben. — — Auf dieser reintechnischen Grundlage aber erhebt sich dazu die grösste ästhetische Farbenkenntnis, in der ihn nur Lenbach wohl nahezu erreicht. Er ist von einer Vielartigkeit, Tiefe und Reinheit des Kolorits, — von einer Neuheit in bisher ungesehenen Farbenakkorden, dass seine Malkunst hierin epochemachend ist. Man sagt, dass er mit der Niederschrift seiner maltechnischen Geheimnisse und Grundsätze seit langem beschäftigt ist; das Erscheinen eines solchen Testaments dürfte unabsehbare Umwälzungen im Malhandwerk zur Folge haben.

Aber ebenso greifbar ist auch die Rückwirkung dieser mathematisch-technischen Gehirnschulung auf die Künstlerschaft Böcklins. Der berückende, wie ein Schmetterling von Blüte zu Blüte gaukelnde Träumer von früher, auf den nur die äussere Erscheinung der Welt wirkte, vertieft sich; er schaut mit logischer Kraft einen gemeinsamen Untergrund in den Dingen; ein zusammenhängender litterarischer Zug geht fortab durch die Werke, über den man philosophisch disputieren kann. Dazu kommt der ausklärende Eindruck vom gegenwärtigen Weimar, — von dem selbstsicheren Genelli mit seinem Geist und seiner jupiterhaften Klarheit, — von Begas, der sich eben so eigen wie reif in der Antike angebaut, — von dem sonnigen, nie seine Grenzen überschreitenden Preller. Der halbitalisierte Schweizer aber mochte sich zudem ebenso stark als von der anmutigen Kunst des lebenden vom toten Weimar angezogen fühlen; so liebe Freunde ihm Anakreon, Theokrit, Horaz, Ovid, Ariosto längst waren, konnte er sich doch dem Eindruck Goethes nicht entziehen; die Lyrik des Olympiers, sein »Faust« vielleicht werden auf diesem Boden in anderer und näherer Weise vor dem im Denken nunmehr schärfer geschulten Geist lebendig: es muss eine wunderbare Stunde gewesen sein, da ihm als Offenbarung etwas aufging, was Goethe als Fähigkeit im höchsten Maasse besass, — nämlich ein Stück Welt als Natur, Menschen oder Ereignis still in sich aufzunehmen, — es geheimnisvoll umzuschmelzen, — dann aber als eine allgemeingültige Wahrheit, einen Sinnspruch, ein Axiom in Kunstform von sich zu geben.

Das entsteht, wächst, reift scheinbar ganz unvermittelt unter dem berückenden Einklang aller dieser mächtigen Eindrücke, — — das ruft ihm in der ihm eigenen Weise hier in dem lieblich-lichten Thüringen die römische Vergangenheit wach, — — und einestags ist Böcklin mit der merkwürdigen Angleichungsfähigkeit des Deutschen, die wir eingangs näher betrachteten, ein neuer Hellene geworden. Die Natur wird lebendig und sinnvoll um seine heimwehstille Künstlerseele, — er erlauscht in Erscheinung und Vorgang das geheimnisvolle Wirken unbekannter Kraft, — der schrille Schrei oder der Klagelaut der Kulturmenschheit nach dem unentweihten Einklang mit der Natur und der Gottheit wird in seiner Seele bald zum zerrissenen, bald zum gedämpften Akkordwiederhall. Und dies Erbe wird dem Künstler der grösste Gewinn aus den sonnigen Tagen von Weimar. —

Bild um Bild nun trägt die Zeichen dieser neuen Offenbarung. Das erste ist von 1860 und heisst: »Pan erschreckt einen Hirten« (Schackgallerie). Vielleicht eine römische Wandererinnerung Böcklins ist der Anlass des Bildes gewesen. In mittägiger Einsamkeit war da irgendwo ein unerklärbarer Laut, — das Lösen und gellende Niederklingen eines Steines am Felshang oder Ähnliches. Vom Hörsinn eines halbwachen Abruzzenhirten gleitet es blitzschnell zu abergläubischen Vorstellungen und pocht an das nie ruhende Grauen des Naturmenschen vor dem unfassbaren Naturpulsschlag. Er schrickt auf; vor den verschlafenen Augen regt sich im Sonnengeflimmer scheinbar ein naher Zacken; die Phantasie gestaltet ihn im Nu zum hohnlachenden Pankopf, dessen Anblick Unheil bringt. In wildem Entsetzen stürzt der Arme davon; er schwingt die schwere Kürbisflasche am Riemen zur Abwehr eines etwaigen Verfolgers nach hinten um den Kopf und achtet kaum der hurtig ihm folgenden Ziegen.

Oder: »Venus, Amor entsendend«, — welches Bild, im Gegensatz zu dem gelblich-lichten und dünnen Kolorit des Vorigen, noch der dunkelwarmen Tongebung der ersten römischen Zeit angehört. Auch hier ist ein Natureindruck der Quell der Eingebung. Da erlebte der Künstler einen schwülen Sommerabend auf dämmeriger, nur noch ungewisses Licht von letzten Glast empfangender Haide. Da tauchte ein Lorbeerbuschschatten dem Wandernden auf; dem Lauschenden wird das knisternde Sichregen der niederen Lebewelt bei Nacht schon vernehmlich, — ein sehnsüchtig lockender Vogelruf melodisch hörbar; er horcht gespannt auf das erwachende, so seltsam mit diesen Stimmen ihn berührende Liebesverlangen der Kreatur im heissen Sommernachtbrüten. Da fügt sichs aus ungewissen Lichtern von ohngefähr zum weissen Leib der gelagerten Liebesgöttin, — da spinnt der behende Geist die Eingebung sofort weiter: Venus streckt gebieterisch die Hand gegen Amor aus, um ihn auf Liebesbeute auszusenden. Nie hat ein antiker Künstler also den Einen der beiden mächtigsten Grundtriebe in der Kreatur versinnbildlicht, — und doch ist hier wie im vorigen Bild eine durch und durch antikische Auffassung wie Empfindung nach der Richtung lebendig, wo sie sich nahe mit dem Germanischen berührt.

Andere Bilder verwandter Art entstehen bereits wieder in Rom. Auf dem »Gang nach Emmaus« (Schackgallerie) von 1863 ist der eigentliche Vorwurf eine dämmerige Landschaft mit einem belichteten Flecken auf der Höhe, — die drei Pilger nahe dem Brunnen im Vordergrund treten nicht sehr hervor, aber sie geben die genauere und leicht durchsichtige Tonart für die biblische Festabendstimmung an, die wie verhalltes Glockenläuten über dem Ganzen hängt. — Ebenso der »Anachoret« (Schackgallerie). Ein zerklüfteter Felsabhang in wilder Schlucht, knorrige Büsche, ein Holzkreuz auf schmalem Vorsprung, krächzende Rabenschwärme werden von einem geistvollen Poetenauge zum Spiegel für den im Grunde so dornigen und qualvollen Daseinsweg der höhergearteten Menschennatur. Was kann da Anderes hinein als ein halbentkleideter greiser Büsser, der sich umbarmherzig geisselt, um die letzten Freudenspuren der Greisenseelenruhe durch Askese zu ertöten? — — —

— — — Schon diese letzten Bilder gehören dem Entstehungsort nach Weimar nicht mehr an. Die Zigeunerunrast regt sich. Der Feuerkopf fühlt sich auf die Dauer im Gegensatz zur stillen Anmut der thüringischen Hauptstadt und ihrer lieblichen Auen weitum, — im Gegensatz auch zur Ausgeglichenheit seiner künstlerischen Genossen. Ihm brennt auch wohl die neue Eroberung seiner Kunst tief in der Seele, und sie drängt ihn nach Ausreifung in jenem Lande, wohin ihn jede Unterhaltung mit der geliebten Frau durch den Wohllaut der italienischen Sprache weist. Gewinnt doch jedes persönliche Erlebnis dazu auf dem Boden von Rom Hintergründe und Durchblicke, wie kein anderer Ort der Welt sie bieten kann. Böcklin lebt von 1862—1866 zum zweiten Male in Rom. Für seine Kunst aber wird es eigentlich der erste und ausschlaggebende Aufenthalt, denn erst jetzt wird Italien seine richtige Heimat und kriegt Fleisch und Blut vor seinem hellseherisch gewordenen Auge.

Er streift jetzt hinunter nach Neapel und Capri und lernt die berauschende Pracht der alten grossgriechischen Gefilde und in den lebensfrohen Südlingen der Halbinsel das Temperamentserbe der hellenischen Antike kennen, — er wandert sinnend über antike Baureste am Golf von Neapel und Salerno, bei Paestum, — mit dem Schauer des künstlerisch Empfindenden irrt er durch die Strassen und Häuser des Riesengrabes Pompeji und lässt die Nähe des antik-lateinischen Alltagslebens tief wie Einer auf sich wirken, der sich heiss nach dieser Welt sehnte und unter der marmorkalten Plastik des offiziellen antiken Klassicismus, also unter dem Winckelmann'schen, nach dem Lebenspulsschlag gehungert und gedurstet hat. Alles Bunte, Zufällige, Augenblickliche des Zustandes reizt ihn nun sonderbar, — die beredten Farben umgaukeln ihn mit ihrer stimmungsvollen Alterspatina, — vor seiner glühenden Phantasie ziehen antike Bilder von erstaunlicher Echtheit vorüber, denen doch jeder geschichtliche und jeder archäologische Zug vollkommen fehlt. Nichts ist hierfür bezeichnender als eine von Ostini übermittelte Äusserung des Künstlers selbst: »Die Alten wollten ja auch keine Antiken machen!«

Fehlt ihm selbst doch auch der realistische Sinn, d. h. die Ehrfurcht vor den Thatsachen der Erscheinung,

Fischende Pane.
Nach der Radierung von L. Muller. (Verlag der Gazette des Beaux-Arts.)
Mit Genehmigung der Photographischen Union in München.

in seiner Arbeitsweise so ganz, dass er fast nie vor der Natur oder nach treuen Studien arbeitet. Er wandert, — wandert, — wandert, — — — er lauscht auf die Festtagslaunen der Natur und ihre grossen Stimmungen der Lust wie der Trauer, — er träumt von ihr und flüstert mit ihr so lange, bis er ihr die Besonderheit ihres Wesens abgefragt hat. Es kommt ihm auf ihren Gemütszustand allein an, den er allerdings mit dem gedächtnissichersten Auge der Gegenwart in den Hauptgesichtszügen festzuhalten weiss. — Für dieses Ablauschen aber bringt er als eigenen Gradmesser sein Heimaterbe mit. Sein Heimaterbe ist jedoch nicht bloss das germanische Gemüt mit seinem ewigen Heimweh und seiner liebevollen Versenkung in stille Erdenwinkel, — — es ist auch der Kirchhofsduft der römischen Grenzprovinz am Rheinknie. Die Eindrücke einsamer Jugendtage hat er 18 Wander- und Werdejahre still mit sich herumgetragen; ihm blieb das eigentliche Wesen dieser merkwürdig blinkenden Vergangenheitsfäden vielleicht selbst unerkannt; in Pompeji und vor den melancholischen Resten der altrömischen Provinz bricht plötzlich die Heimaterinnerung mit Riesenkraft heraus und das Verwandte verbindet sich mit dem Verwandten: nur so ist es zu erklären, dass die antike Niedergangsstimmungssphäre in den kommenden Bildern wunderbar echt und grossartig getroffen ist, ohne dass das archäologische Beiwerk, ohne welches man heute Derartiges nicht darstellen zu können glaubt, irgend welche Bedeutung hat. Fehlt es doch auf den grössten Würfen späterhin überhaupt ganz.

Nur so konnte die »Villa am Meer« (1864) zu

einem antiken Seufzer und zum Präludium der grösseren »Toteninsel« werden. Schack hat das Bild zweimal; ein neuer technischer Versuch mit Harzmalerei bei der ersten Fassung schien missglückt und der Sammler wollte diese Perle in seiner Gallerie nicht missen. Böcklin malte das Bild nochmals und übermalte das Andere, das sich danach vortrefflich erhalten hat. Die Wiederholung ist wie immer bei Böcklin eine freie Neuschöpfung. Die eine Fassung ist zarter in der Farbe, reicher im Kleinen, duftiger, und daher zierlicher in ihrer Melancholie, — die Andere hat grössere Farbenflächen und tiefere Tönung, wodurch sie feierlicher und schwermütiger gestimmt ist. Spitz in's abendliche Meer springt eine unterhöhlte Klippe hinaus, auf der mit Säulenhallen, Figuren, blühenden Büschen, Springbrunnen eine antike Villa sichtbar wird. Das Abendrot hängt am Gebälk, — der Wind vom Meer beugt die Cypressen auf dem äussersten Vorsprung und treibt flache graugefärbte Wellen mit weissen Rändern gegen den Ufersand, auf dem gedankenverloren eine einsame Frau im Trauergewand sich gegen das Riff lehnt und in den Abend hinausschaut. Stimmung und Linienriss wölben das ganze Bild mit durchtriebenem Geschick um das trauernde Weib. Was denkt sie und um was mag ihre Seele weinen? — so drängt sich's uns unwillkürlich auf. Kein gemeines Leid wird hier still getragen. Einer der Menschheitsseufzer, wie grosse Dichtung sie in einer Iphigenie, Antigone, Penelope gebildet hat, — eine Elegie um den Niedergang gewaltiger Zeit löst sich immer deutlicher heraus, je länger man in den Gegenstand hineinschaut. —

Villa am Meer. Schackgalerie.

Wem ein so tiefer Laut der Wehmut gelingt, dem muss auf lange hinaus Gram oder Schwermut die Seele füllen, — meint man. Aber die Gesetze der herkömmlichen Erfahrung treffen auf Böcklin nicht zu; seine einzigartige Schwungfähigkeit gestaltet im gleichen Augenblick zwei entgegengesetzte Eindrücke je in der schärfsten Weise aus. Eine reizvolle Blumenaue mit einer malerischen Osteria unter lachendem Himmel lässt noch gleichfalls 1864 jenen lachend-bunten Feldblumenstrauss lichter Farben und fröhlichen Thuns entstehen, der bei Schack als »römische Weinschänke« hängt. Reblaubumschlungene Veranden mit fidelen Zechern, tanzende, scherzende, trinkende Pärchen im Freien sieht man ausser dem edlen Freundespaar, das süssen Weines voll eben aus dem Wirtsgarten schwankt und das Blumenmädchen neben der Panstatue an der Thür ansingt. »Vinum novum« steht auf dem Sockel angeschrieben; beim frischen Most zählen die Becher doppelt; das ist auch das Motto dieses fröhlichen antiken Kneipidylls.

Noch gesteigerter aber ist diese Kneipseligkeit der Stimmung in jener farbentiefen und tollen Burleske des »Bacchanale«, gegen dessen Datum 1864 ich allerdings einen Zweifel nicht los werde; es scheint auf spätere Jahre zu weisen. Ein schattiger Garten mit Rabatten, niedrigem Haus, breiter Veranda ist der Ort. Mittelpunkt des Vorganges ist eine ziehende Schauspielertruppe mit einem gelb gewandeten dicken Bakchos, der plump mit einer lächerlich alten Kokette in zinnoberfarbenem Gewand unter dem Gepauk der Anderen tanzt. Rings herum sich aber bieten in köstlichen Typen gradartig abgestufte Gruppen mit dem herzergreifenden Anblick grandioser Besäuftheit dem Auge dar. Die gleich Klötzen sinnlos im Vordergrund liegenden Söldner, — zwei Edle, die sich krampfhaft umarmen, — Andere in der Veranda, aus deren Gesten man das stiermässige Gebrüll höchster dionysischer Ekstase bei Kraftmenschen heraus hört, — wie stupend ist das in den gleissenden Farben der alten niederländischen Meister, in der heissen Brünstigkeit des Tons und kühnem Gegensatz gemacht! Man möchte sagen, dass das Schönste, was Teniers, Ostade, Brouwer an Kneipgelagen schufen, hier an innerer Kraft und groteskem Humor überboten ist. Man trifft hier auf den Kraftmenschen Böcklin. Wer dem Dionysos so elementar und doch wieder mit so feinem Verständnis zu opfern versteht, das muss ein . . . . . ganzer Kerl sein; die Lämmerschwänzchen werden in ihrer »Tadellosigkeit« nie so unbändige Lust an unverfälschtem Naturmenschentum haben.

Ganz andersartig wieder ist die letzte diesmalige Perle von Rom, — nämlich die reizende, stilistisch an Feuerbach anklingende »Klage des Hirten« (1865, Schackgallerie). Sie könnte einer antiken Dichtung entnommen sein; ausnahmsweise nähert sie sich dem antiken Plastikideal und hat sogar einen archäologischen Anflug in dem Stillebenbeiwerk des etrurischen Krugs. Rührend und drollig zugleich steht ein schöngewachsener Hirtenjunge an der Grotte und klagt der hinter Schleiern für uns — aber nicht für ihn — sichtbaren Nymphe sein Liebesleid. Eben besingt er wehleidig in einer Strophe seinen Seelenjammer und gleich wird er den Kehrreim auf der

Syrinx blasen. Der Weinkrug am Boden und die prangenden Früchte daneben harren dazu als reale Hilfsmittel des Schlussappells auf das Mitleid der lächelnden Halbgöttin. — —

— — Böcklin hatte sich mittlerweile dem Schwabenalter genähert. Der Ruf seiner Künstlerschaft war allmählich auch in der Heimatstadt Basel begründet, und man beeilte sich, dem hochbegabten Landsmann durch Aufträge Gelegenheit zum Schmuck der Vaterstadt zu geben. Der Künstler geht in die Heimat zurück und lebt dort von 1866 bis 1871. Keineswegs aber scheint Basel, so freundlich die Stadt an sich ist und ein so weltstädtisches Leben sie als einer der besuchtesten Durchgangsorte nach dem Süden und bei dem Reichtum ihrer Handelspatrizier besitzt, dem Künstler in diesem Jahrfünft ein an trauten Jugendeindrücken reiches Asyl gewesen zu sein. So starke und eigenartige Künstlernaturen dringen ohnehin nie leicht durch, — am wenigsten aber in einer Kaufmannsstadt, in der selten Jemand einen anderen Maassstab an die Kunst als den nüchterner Freude an blendender Handwerksmache zu legen pflegt. Man schätzte den Ruf des Malers, fand sich aber sicherlich hinterher getäuscht, weil man für die Art seines Werks kein Verständnis besass. Ist es doch bis tief in die 80er Jahre hinein Böcklin noch oft passiert, dass seine Erfolge — Lächerlichkeitserfolge waren und den Hohn geistiger Unreife herausforderten, — — erzählt man sich doch von ihm auch jenes prächtige Erlebnis, wonach — ich weiss nicht genau: wann und wo? — in einer grösseren schweizerischen Stadt eine zur Ausstellung gesandte

Bilderreihe von dem örtlichen Kunstverein als ungeeignet zurückgewiesen wurde und der noch kritischere Hausknecht besagter Genossenschaft würdevoll erklärte: »so chaibe Bilder verpacke ich nicht!«

Böcklin muss unter seinen Landsleuten innerlich Viel erlebt und durchkämpft haben; er war angewiesen auf seine Bekannten- und Verwandtenkreise, auf die Honoratioren der Stadt und konnte verständnislose Tadler und Besserwisser sich nicht fernhalten wie im Ausland; er rang vermutlich oft unter Aufgaben, die ihm nicht lagen, bis er in wilder Thatkraft hier und da an einem Werk aus seiner eigensten Natur heraus die Qualen erstickte. Er stand vielleicht nicht selten am Münster droben, auf dessen Platz er gross geworden war, und schaute schwermütig auf die klingenden Rheinwasser drunten, während er des sonnigen Südens gedachte, in dem selbst die Not so viel leichter zu tragen war als hier die Verständnislosigkeit, die seine Riesenkraft verleugnete und armseligen Handwerkern der Malerei ein sorgloses Dasein gewährte* — Die Werke dieser Jahre schwanken nämlich besonders merkwürdig in ihrem Stimmungscharakter hin und her. Böcklin ist ja ohnehin

---

* Diese Vermutung habe ich lediglich aus künstlerpsychologischen Anzeichen in den zu Basel entstandenen Werken geschöpft und trotz einer anderseitigen Erwähnung von »glücklichen Baseler Jahren Böcklins« aufrecht erhalten zu sollen geglaubt. Die kurz vor dem Neudruck dieses Buchs erschienenen »Lebenserinnerungen« von J. v. Kopf rechtfertigen meine Annahme vollauf, denn der Verfasser berichtet in ihnen von einer Äusserung Böcklins, wonach man ihn in Basel für einen Narren gehalten habe, und wiederholt aus Angst vor ihm Bekannte beim Begegnen sich nach der anderen Strassenseite verzogen hätten. D. V.

ein sprunghaftes Naturell: heute von jonischer Heiterkeit des Gemüts, voll sonnigen Humors, ja jovialster Ausgelassenheit ist er morgen düster, von schwärzester Melancholie erfüllt und voll schweigsamen Misstrauens gegen seine nächste Umgebung. Das aber zeigen die Werke dieser Jahre in der schroffsten Zuspitzung. Da spricht eine Wildheit der Schwarzseherei und des Gefallens an düsteren Träumen, — eine Schärfe satirischen Menschenhasses von Bitternissen, die kaum zufälliger Laune entsprungen sind.

Der »Schmuck des Museumstreppenhauses« mit Fresken war äusserlich die Hauptaufgabe des Jahrfünfts. Der »entstehende Geist der Natur«, als hoheitvolle [Frauengestalt gedacht, welche auf einer Muschel von vier Männern aus dem Meer emporgehoben wird, — die äusserst anmutige und an Figuren reiche Gruppe der »Flora mit ihren Kindern« und »Apollo mit dem Viergespann« sind in den drei Hauptbildern dargestellt; zu ihnen gehören drei einzelne Köpfe als Schmuck- und Füllstücke, nämlich ein grossäugiges, im Sinne der Antike schönes »Medusenhaupt«, das fanatisch blickende Gesicht eines giftigen alten »Kritikus« und die drollige »Fratze« eines Naturburschen. Im Ganzen ist das Werk in seinem lichten dünnen Freskoton, der sich anscheinend gut gehalten hat, ein eigenes Werk voll stiller Grösse, aber ein böcklinisches Seelenbekenntnis ist es sowenig als der kleinere »Freskencyklus« im Gartenhaus der Villa Sarasin--Thurneysen; der »König David mit der Harfe« thront hier zwischen der vom »Gang nach Emmaus« her bekannten

»Landschaft« und einer »Flucht nach Aegypten«,
für welche als Hintergrund das Thema der »römischen

Studienkopf zur Pietà.
(Im Besitz der Kunsthandlung Fritz Gurlitt.)
Mit Genehmigung der Photographischen Union in München.

Villa im Frühling« verwendet ist. —— Auch ein grosses
religiöses Bild von 1868: »Magdalenas Trauer« (Baseler

Museum) mag ich trotz aller rassigen Eigenschaften nicht zu den schweren Böckliniana zählen; er fühlt wohl germanisch, aber er denkt zu sehr als Hellene, um dem tiefen menschlichen Leiden gegenüber nicht in das Antigone-Pathos zu verfallen. —

Vollwertig hingegen und ein Ausfluss sonniger Lenztage ist das grosse Bild des »Frühlingsreigens« (1868, Dresdener Gallerie), — ganz herrlich in der durchsichtig duftigen Lichtmalerei und einer am Quell sitzenden Nymphe, über der reizende Putten in der Luft tanzen, während zwei Faunenknaben zum Wasserbecken hinabklettern, — — ist ferner auch jener bestrickende Farbenstrauss der »italienischen Villa im Frühling« (1871, Schackgallerie) mit seiner schwärmend über blumige Wiesen und unter blühenden Bäumen dahinwandelnden und am Boden gelagerten Jugend, um welche der Lenz alle Register einer Dankhymne brausend entfaltet hat. —

Dort akademische Vollendung und ruhige Schönheit harmloser Art in den Fresken, — hier der Abglanz süssester Frühlingslust in den beiden Tafelbildern. Was aber wollen jetzt die grausigen Nachtschatten sagen, die über drei anderen Bildern hängen, — was antworten sie Düsteres auf die psychologische Frage nach dem Woher? Phantasieen von der Wildheit eines Höllenbreughel oder Antoine Wiertz treten uns in ihnen entgegen, durch welche der Angschrei der Kreatur vor dem Entsetzlichen tönt; die Grenze im äussersten Wagnis ist gerade gestreift und vielleicht nur durch das Genie der malerischen Mache innegehalten.

Die Sturmphantasie im grausig-schönen »Ritt des Todes« (1869, Schackgallerie) ist das eine Bild, auf dem grelles Sonnenlicht aus Wetterwolken auf die bunten Herbstfarben der zerzausten Bäume und des blätterbedeckten Bodens fällt und die zerfallene Ruine neben dem gepeitschten Meer phantastisch beleuchtet. In diesem schrillen Höllenkonzert kommt unhörbar der Tod auf fahlem Ross unter dem Busch herangeritten. — Fast milde gegenüber dieser kühnen Disharmonie wirkt hingegen die tonschöne »Drachenschlucht« (1870, Schackgallerie) mit ihren bangen Schauern des Hochgebirgs, die in einem langhalsig aus der Höhle nach Fliehenden züngelnden Drachen verkörpert sind. — Eine Gewitterphantasie allegorisiert schliesslich die Qual des belasteten Gewissens in jener nicht weniger meisterhaften Darstellung »des von den Furien verfolgten Mörders« (1870, Schackgallerie). In bunten Gewändern und halbnackt sieht man hier als wahrhaft grauenvolle Eingebungen die drei fürchterlichen Racheweiber am Grabensteg zwischen Mauerrest und Sumpfrohr in höchster Spannung auf den reichgekleideten Mörder lauern, der sich eben von seinem Opfer mit einem hassgesättigten Blick erhebt; ein brütender Gewitterhimmel lastet dazu unheilschwanger über der wilden Örtlichkeit, — gleich wird sich der erste Blitz entladen.

Die Baseler Zeit wird schliesslich auch interessant durch das erste bildhauerische Werk des Künstlers. Er schuf, — teils selbst hauend, teils in fremder Ausführung nach seinem Modell, — für die Gartenfassade des Künstlerhauses »Fratzen« als Fensterbogen-Schlusssteine, —

verzerrte, unglaublich lächerlich wirkende Gesichter älterer Männer, in denen hässliche Leidenschaften geschildert sind. Es sind kongeniale Genossen jener von Lionardo und dann der oberdeutschen Schule her bekannten Karrikaturen, — nur hier gegenständlicher und voll pikanten Reizes durch die Legende, dass Böcklin in boshafter Satire damit gewisse Ratsmitglieder von Basel »verherrlicht« habe. Hier geht man anscheinend auf der Spur jener bitteren Weltfeindlichkeit, aus welcher die letzten Bilder und diese Fratzen entsprungen sind. Die also »Gefeierten« soll in Basel Jedermann kennen; ich hielt jedoch an Ort und Stelle vergebliche Umfrage. — — Die seconda maniera Böcklins, — die erste Etappe der grossen Künstlerschaft schliesst sich hier ab. — — —

— — — Neben diesen Schöpfungen der Frühreife mit dem fesselnden Anblick origineller Vorstellung, genialer Technik, einer sich Schritt für Schritt gewaltig entwickelnden Phantasiekraft giebt es noch eine kleine Zahl anderer Werke von nicht geringerem, wenn auch andersartigem Wert: seine Bildnisse. Gelegenheitsarbeiten, — die eigene Familie, nahestehende Freunde, die eigene Person behandelnd. Und doch so vollkommen, dass Böcklin in der Pflege dieses Gebiets einer der ersten Bildnismaler der Gegenwart, wenn auch vielleicht kein Fürstenmaler grossen Stils geworden wäre. Er geht hier ganz Holbein nach. Er hat dessen Plastik, seine Vornehmheit, seine breiten Farbenebenen mit dem gewissenhaften Umriss und dem Liniengefühl; er liebt wie Jener die kühlen, frischen, aber tonig geglätteten Farben und hat den sicheren Blick seines Baseler Vorläufers, in treffender Zufälligkeit von Miene und Pose die Analyse von Charakter und Lebenssphäre des gesamten Menschen zu geben. Lenbach, der ihn seinerseits in den 60er Jahren einmal prächtig gemalt und dabei völlig durchschaut hat, ist zweimal von ihm mit glücklichem Treffen des Forschenden in den Zügen dargestellt; das Profil des Bildhauers Jos. v. Kopf; ein hochinteressanter Römerkopf; eine seiner Töchter; eine »Viola«; wiederholt seine Frau sind Gegenstand solcher Tafeln, die unendlich weit über die nüchtern-eckigen Holzachbildnisse des einstigen Baseler Kunstschülers hinausragen. — —

*   *   *

In Böcklins Baseler Zeit fällt der deutsche Einigungskrieg, welcher einen Aufschwung des stammverwandten Landes verhiess. In München hatte dazu eine Neublüte der Kunst mit bedeutenden ansässigen Meistern schon begonnen und zog alle Talente Europas an sich. Das wies ihm den Weg. Er wohnt von 1871 bis 74 zum dritten Male in der Isarstadt, die ihm immer lieb gewesen war. Sie hatte ihm den ersten Erfolg bescheert, — sie sollte jetzt eine neue Bahn bei ihm bezeichnen.

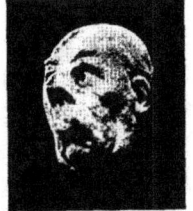

Maske v. Baseler Künstlerhaus.
Mit Genehmigung der Photographischen Union in München.

Als ein Ausrufungszeichen steht am Beginn dieser dritten Stilperiode das früheste unter den bekannten »Selbstbildnissen«, — das von »1872«. In enganschliessender schwarzer Jacke, mit vollem rundem Bart und langem dichtem Haupthaar von tiefbrauner Farbe, Palette und Pinsel in den Händen steht der etwa 45jährige Künstler auf grünem Grund wie im tiefsten Lauschen da. Es kann Gram, — es kann Krankheit sein, was diese Leidensspuren in dem durchgeistigten Gesicht zurückliess. Auf was lauscht Böcklin? Hier begegnen wir Holbein in seinem bekannten Münchener Bildnis des Sir Tuke. Denn wie hier hinter dem blaublütigen Hofmann des blaubärtigen Heinrich des Achten der Tod mit der Sanduhr steht, — so steht auf dem Selbstbildnis der Tod in blauem Gewand hinter Böcklin und fiedelt auf der lichtbraunen Geige. Ist es die legendenhafte Melodie Asbëin, — jene wahnsinnigschöne Wundermelodie, die der Teufel einem kunstbegnadeten Mönch einst im Traume vorspielte? Der Mann verzehrte sich ruhlos fortab, sie in allen Tonarten und Gefügen wiederzufinden . . . . aber nach vielen Jahren erst erklang sie unerwartet mit voller Reinheit in sein Ohr . . . . als er sich still zum Sterben niederlegte. — — — So viel stumme und unbeschreibliche Musik gesellt sich fortab in der neuen Stilweise zu der Dichtkunst bei Böcklin, — eine so geheimnisvolle Stimmung und so scheue Weltversunkenheit durchzittert von jetzt ab den köstlichen Odem seiner Farben und tastet sehnsüchtig nach dem Unfassbaren, dass das Gleichnis mit der Melodie Asbëin nicht ganz abzuweisen ist.

Das Selbstbildnis soll nach schwerer Krankheit als ein schwermütiges Merkzeichen entstanden sein, wie weit der leidende Künstler schon ins Jenseits geschaut und wie deutlich er das Sphärenklingen bereits vernommen hat. Es wurde behauptet, dass infolge dieser Krankheit durch

eine organische Veränderung im Auge jene Vorliebe für
das Ultramarin hervorgerufen sei, welche das äussere
Kennzeichen der neuen Stilweise, — der blauen Perioden drei und vier bei ihm, — ist. Die Sache ist
nicht so lächerlich als sie scheint. Woran Böcklin gelitten hat, weiss ich so wenig als ich ermitteln konnte,
was es mit einer erwähnten längeren Kur in einer
Nervenheilanstalt auf sich hat. Das aber ist sicher,
dass der Hang für das beruhigende Blau eine pathologische Erscheinung ist, welche von anderen anormalen
Eigenschaften beim Künstler gestützt wird, — nämlich
von seinen weiten Schwankungen in der Stimmung, seinem
Misstrauen, seiner für einen hochgebildeten Mann absonderlichen Abneigung gegen Schreiben u. s. w. —
Ein sehr glaubwürdiger, jetzt verstorbener Herr erzählte
mir vor Jahren als persönliches Erlebnis, dass Böcklin
bei wiederholten gemeinsamen Besuchen von Weinlokalen
stets auffällig Rückendeckung an einem Wandplatz gesucht
hat und, während er sich argwöhnisch nach der Platznahme
umsah, fragte, ob der Gastfreund diesen oder jenen Anwesenden für stärker halte als ihn. Böcklin war bis in
sein Alter hinein nämlich ein Athlet an Körperkräften,
— er macht auch heute noch den Eindruck eines Riesen.
— Zu diesen merkwürdigen und zweifellos pathologischen
Erscheinungen gesellt sich als litterarische Thatsache,
dass der gute Beobachter aber voreilige Schlussfolgerungsmusikante Lombroso in seinem Buch: »Genie und
Irrsinn« mit sehr durchsichtigem Verschweigen des Namens
unseren Künstler zu den schöpferischen Irren zählt, —
eine »Auszeichnung«, die er in jenem Buch allerdings

mit dem ersten Napoleon, Richard Wagner und anderen Heroen teilen muss. »Ein Königreich für diese Form von Irrsinn!« — Das Böcklin mit diesem Zustande 70 Jahre bisher überschritten hat, dabei ein robuster Riese sein Lebtag war und ein Gesamtwerk geschaffen hat, das durch seinen geistigen wie handwerklichen Gehalt seit Jahrzehnten die besten Köpfe der Zeit eingehend beschäftigte, ist der unzweifelhafte Gegenbeweis für die geistige Gesundheit des Künstlers. Das muss ausgesprochen werden, weil einer öffentlichen Verläumdung nur mit einer öffentlichen Aufklärung begegnet werden kann. Eine Reihe von Erscheinungen in dem Problem Böcklin weisen unzweifelhaft auf ein anormales Nervenleben des Künstlers hin und dieses giebt wichtige Aufklärungen, ohne welche wir sonst vor Rätseln stehen würden; aber die Schlussfolgerung daraus auf einen anormalen Geisteszustand ist wissenschaftlich leichtfertig, ist albern gegenüber der Klarheit, mit der Böcklin seine einmal erkannte Aufgabe durchgeführt hat. Die pathologischen Nebenerscheinungen sind dabei gleichgiltig, — sie sind nur beweisfähig, soweit der weitere Zustand des Organismus und seine Entwicklung im Laufe der Jahre der Prognose Recht geben. Wer so Neues und Grossartiges durchlebt und mit äusserster Willenskraft ins Werk gesetzt hat, thut es meist auf Kosten der Nebenorgane, — man kann niemals ein bedeutender Mensch sein und nebenbei die Naturverhältnisse eines Matrosen oder oberbayerischen Burschen besitzen. —

Die Vorliebe für das Ultramarinblau in der neuen Stilweise nach 1870 ist indessen nur ein äusseres Etikett für eine durchgreifende Änderung, Vertiefung und Erhöhung im Künstlerwesen. Er ist als Mensch und

Frau A. Waldecker-Gurlitt und Sohn.

Künstler ausgereift, — seine starke Sinnlichkeit in edelem Sinne wird zu kraftvoller Unmittelbarkeit des Naturempfindens, — seine Ideen werden umfassend, — an die Stelle der blendenden, oft blitzartigen Technik tritt jetzt eine solche satter innerer Ruhe, — er wird vor Allem der monumentale »Maler«, als den wir ihn heute bewundern.

Seine Ideen verlieren den Charakter geistvoller litterarischer Einfälle und, Anregungen aus alter und neuerer Litteratur, — er denkt nicht mehr litterarisch wie früher, — er schaut vielmehr den Erscheinungen unmittelbar mit der Ueberlegenheit eines philosophischen Geistes von eigenen Gnaden ins Gesicht. In Eingebung, Durchbildung, Durchdenken spürt man eine ausgerundete Weltanschauung, die tief in allem Für und Wider mit sich zu Rate geht und alle jene undefinierbaren, formellosen Werte sicher übersieht, mit denen die Kunst ihre höchsten Gipfel erreicht. Alle Hilfsmittel der anderen Künste müssen ihm dazu dienen, aber nur untergeordnet, — er lässt trotz aller Kühnheit die Gesetze der Malerei nie ausser Acht. Er giebt der Malerei, was der Malerei, — der Dichtkunst, was der Dichtkunst gehört. Eine Dame bittet ihn, ihr als Erinnerung an ein Erlebnis einen Armenleichengang auf römischer Landstrasse mit zwei Kindern als einzigem Gefolge des toten Geschwisters zu malen, — er überreicht ihr nach Ostini's Überlieferung ein formenschönes eigenes Gedicht unter den schlichten Worten: »Das kann man nicht malen!«

> Im Dämmerschein kehrt ich zurück zur Stadt,
> Verlassend auf der Via Appia
> Die Gräbertrümmer, welche schweigend ernst
> Gen Himmel schau'n.

Wie viel Geschlechter lagen modernd dort!
Wie vieles Leid mag dort begraben sein!
Wer weiss davon? Vorüber ist es seit
Jahrtausenden.

Da nähert sich eintöniger Gesang,
Ein Mönch trägt einen kleinen Kindersarg.
Ein Priester singt sein traurig Requiem
Und diesen folgt
Ein kleines Paar, das kaum so eilen kann,
Geschwister sind es jener Leiche dort.
Ihr Vater tot, die Mutter im Spital,
Sie ganz allein.
Das Unglück ist der Menschheit dauernd Los —
Wer geht durchs Leben ohne Leid? — Geduld!
Mit dir auch ist's vorüber einst! — Schon seit
Jahrtausenden!

Es ist auch sehr viel Musik fortab in seiner Kunst. Aber sie bleibt Malerei, und er lässt der Musik, was der Musik gehört, indem er musikalische Eingebungen selbst komponiert und andächtig auf Beethoven, Bach und Händel lauscht. Eine interessante Erscheinung ist dabei, dass er zu Wagner dasselbe Verhältnis kalter Bewunderung hat, das mich auch bei Klinger stets überraschte, weil es eigentlich kein Verhältnis ist.

Ein grosser, monumentaler in rhythmisch-gebändigter Art ein titanischer Zug kommt über ihn. Musik, Dichtkunst, Malerei gehen oft nicht mehr trennbar aufs Innigste bei ihm zusammen, — sie werden zu einer einzigartigen Malerei, in der die Farbe sich zu immer grösserer Reinheit, Tiefe und Durchsichtigkeit steigert; er löst fast von Bild zu Bild neue Accordprobleme von vorher unbekannter Kühnheit; er kriegt es fertig, die Lokalfarbenpracht der van Eycks, Rogiers van der Weyden, Memlings mit der königlichen Kraft eines Rubens und der geheimnisvollen Tonigkeit von Giorgione und Rembrandt zu einem Farbenstil von edeler Schönheit zu verschmelzen. — — — Grosse Gesichtspunkte in der Selbstzucht bei der Arbeit entsprechen diesem neuen grossen Zuge. Er versteht es zu ruhen und Wochen hindurch zu träumen, — er vermag sich unendlich lange an einem verwunschen daliegenden Ort niederzulassen und so weltvergessen in ihn hineinzuschauen, bis ihm das Kreisen der Säfte im Gewächs, die Atemzüge der Erde, das Traumlächeln der Erinnerung in ihren Zügen oder ihr Ernst dabei wahrnehmbar geworden sind. Ohne Skizze, ohne Notiz, ohne Modellwahlsorge geht er heim, wo ihm in wütender und unaufhaltsamer Arbeitskraft das Werk aus blosser Erinnerung unter den Fingern wächst, bis es frei, grosszügig, mühelos dasteht.

Mit diesen dienstbaren Elementen zugleich vertieft sich nun auch sein Naturverhältnis. Er hat das Hellenisch-Römische jetzt so in sich aufgenommen und verarbeitet, dass er mit vollem Bewusstsein Pantheist wird. Der Gott begegnet ihm draussen in der Einsamkeit auf Schritt und Tritt, — ein Heer von Nymphen, Dryaden, Panen haust ihm in jedem Quell, Baum, Felsen und regt sich vor seinem Auge in harmlos-heiterem Daseinsglück. Auch der Mensch kriegt grössere, in althellenischem Sinne halbgöttliche Züge bei ihm; er ist ein Ur- und Ideal-Mensch, — primitiv, saftig, körperhaft, animalisch, voll urwüchsiger Triebe, — ein nur im engsten Naturzusammenhang mögliches Lebewesen. Kommt ausserhalb der paar religiösen Bilder einmal ein Kulturgeschöpf auf einem Bilde vor, dann ist es sicher einer jener Schlingel von Ariostos Gnaden, für die Sichbalgen, Trinken, den süssen Weibern Nachstellen Lebenszweck ist. — Diese Geschöpfe aber gleiten fortab durch einen Naturrahmen, den wundersamer Tiefblick fort und fort schafft. Seltsam-beklommene, abenteuerliche, märchenhafte, abgrundtiefe Stimmungen steigen aus der Künstlerseele auf die Bildtafel, dass man diese geheimnisvolle Gefühlswelt nur mit der von Giorgione und Rembrandt vergleichen kann. Diese ganze Antike ist in ihren von jedem Marmorkanon freien Phantasieen so vorgeschichtlich, romantisch, fast möchte man sagen bäuerisch-provinzial, und hat dabei doch eine so grüblerische Seite und eine so grundgermanische Herzhaftigkeit, dass — — — . . . ich habe oft vor Bildern dieser Art an die blauen Leuchtaugen eines alten ostgotischen Urwaldweisen denken müssen, die diese antike Welt unverstanden einst aufnahmen und dann in trunkener Erinnerung an all das Fremdartige daheim aufleuchteten, wenn lallende Worte im Urwaldzickzack und mit Eddahafter Unbestimmtheit des Ausdrucks die schwer fassbaren Eindrücke von der südlichen Welt zu schildern suchten. Der Baseler Böcklin und deutsche Sprössling altrömischen Provinzbodens hat in seinem seelenvollen Gefühlsverhältnis zur Antike, in seinem Pantheismus in seinem Nichtfassenkönnen und Nichtfassenwollen der reinen antiken Formenwelt überraschende Ähnlichkeit, mit solch' einem alten Barden, in dessen rhytmischen

Harfen- und Singe-Spiel die geschauten Wunder aus echter Empfindung für den Kern jener Welt und Hilflosigkeit dem antiken Ausdruck gegenüber zu einem fremdartigen Leben erwachen. — — —

Dieser dritte Stil, zu dem der vierte lediglich Ausbau wird, beginnt etwa 1872 und ist aus mehr inneren Gründen mit 1880 abzugrenzen. Die ersten blauen Werke erscheinen, aber daneben auch noch Anklänge an die 60er Jahre, was für die Beweglichkeit dieses heissen Temperaments bezeichnend ist. Im Allgemeinen werden die Formen plastischer und das Raumgefühl stärker. Die Fruchtbarkeit steigert sich so zusehends als die Vielartigkeit. In Versuchen und Anklängen tauchen auch schon viel spätere Hauptwerke auf. Man hat überraschende Eindrücke, wenn man an einem Baum gleichsam in demselben Jahre vielartige Früchte hängen sieht, von denen jede Einzelne schwer und goldreif prangt. —

Ein Juwel in Blau: die kleine Tafel der »Venus Anadyomene« (1873) weist auf seine kommende Meermalerei und seine Frauengestalten. Eine Göttin, die mit der melischen Aphrodite gar keine Parallele verträgt, weil sie eher eine naive Verherrlichung corsettloser Natur genannt werden kann, kommt auf einem tintenblauen Delphin über das ultramarinfarbene Meer dahergezogen. Der gelbgrüne Schleier, welcher sie einhüllt, wird von ausgelassen die Hehre umflatternden Putten gehalten. Wie ist dies Meer, dieser Himmel mit den geballten Wolken, dieser kühle Leib gemalt! — Ein heiterer Strauss warmer Farben schmiegt sich reizvoll in das kühle Lächeln des blauen Grunds. — Dann kommt ein plastisches und tiefgestimmtes Stück Ariosto in der »vom Drachen bewachten Angelika« (1873), in dessen bunte Anmut ein Beisatz jener Schalkhaftigkeit sich drängt, die dem heiteren Tafelgenossen und Hauspoeten der Este so gut steht und die unvergängliche Würze seiner schaukelnden Ottaven ausmachen wird. — Der Mann aber, der diese Bilder gemacht hat, steht vornehm auf dem »Selbstbildnis von 1873« gegen eine von Lorbeer umrankte Säule gelehnt und blickt uns leuchtäugig sinnend an, — gleich als müssten vor seiner reifen Kraft alle peinvollen Fragen und Sorgen des Lebens fortab eindruckslos abgleiten. — Und in dieser ruhigen Freude an der Welt und undramatischen Stimmung mag auch jene erste Fassung des »Burgbrandes« (1873, Breslauer Museum) entstanden sein, auf der man ein von Seeräubern in Brand gestecktes Felsenschloss im Meer erblickt. Im Gegensatz zur wuchtigeren zweiten Fassung ist hier die mächtige Steinbrücke nach dem Ufer hinüber reich gegliedert und geschmückt, zeigt sich auch sonst überall ein reger Sinn für spielende Kleinbehandlung.

Wie aber der »Pan im Schilfe« von 1857 mitten unter den Frühwerken als eine Vorstufe auf viel spätere Menschendarstellung grossen Stils betrachtet werden kann, so die »Pietà« (1873, Berliner Nationalgallerie) als eben solche auf den monumentalen Stil des nächsten Jahrzehnts. In diesem lang auf einem Marmorblock ausgestreckten Heiland mit dem grünlichen Verwesungston, — eine Anlehnung an das berühmte Baseler Holbeinbild! — und in dieser, von blauem Tuch verhüllten und über den Sohn hin-

Pietà (Berliner Nationalgallerie).
Mit Genehmigung der Photographischen Union in München.

weggelehnten Maria auf dem blaudämmerigen Grund, — in diesem rotgewandeten Engel, welcher sich aus Wolken segnend herabneigt, ist ein grosser Zug, der leicht vergessen macht, wieviel mehr antik als christlich diese religiösen Werke des Schweizers in ihrem Pathos empfunden sind. — —

— — In dem gleichen Entstehungsjahr mit dieser bedeutenden religiösen Darstellung stossen wir im Böcklinwerk jedoch auf die ersten Neuschöpfungen seiner Phantasie im entgegengesetzten antiken Sinne, welche gemeinhin als ein Hauptverdienst seiner Kunst betrachtet werden. — —

— — Die hellenische, auf die römische dann übergegangene Göttersage hat im Erbe des uralten ägyptisch-assyrischen Mythos und in der Ausbildung ihrer pantheistischen Naturauffassung nämlich eine eigene Gruppe von Lebewesen erdacht, wie bekannt ist. Für den phantasievollen Hellenen mit seiner Achtung vor körperlicher Eigenschaft lag ein verführerischer Gedanke darin, die Kräfte und Fähigkeiten des Menschen in einer Doppelnatur gesteigert und vervielfacht sich vorzustellen und gleichzeitig etwas zu ersinnen, was zwischen ihm und seinen Göttern als ein Mittelwesen stand und die Apotheose des Heros glaublicher machte. So entstanden in seiner romantischen Zeit jene vielgenannten und dargestellten Bildungen der Kentauren, Pane, Panisken, Tritonen, Nymphen, Sirenen, Dryaden u. s. w. Der Glaube daran muss in der unphilosophischen weiten Masse sehr verbreitet gewesen sein, da frühe Schriftsteller ernsthaft vom Vorkommen dieser Fabelwesen in dem als Zauberland ohnehin berüchtigten Thessalien, in Afrika berichten. Haben sich doch selbst spätere römische Schriftsteller, — irre ich nicht: auch der ältere Plinius, — nicht gescheut, von mumificierten Exemplaren der Art zu berichten, welche als Kuriosität aus der Provinz an den Kaiserhof in Rom gesandt sein sollen. Die antike Kunst ist in Vollfigur, Relief, Malerei überaus fruchtbar in der Darstellung dieser fesselnden Geschöpfe geworden; die Renaissance hat dies fortgesetzt und namentlich den Kentauren in ihren Quattrocento-Grotesken mit einer gewissen Vorliebe verwendet. Aber allen diesen Schöpfungen schwebt doch ein physisch unmögliches reines Formenideal voll Jugendschönheit vor, weil der Mangel an naturwissenschaftlicher Kenntnis den Alten jede kritische Kontrolle auf Lebensfähigkeit ausschloss. — — In diese Lücke ist ein kunstgeschichtliches Verdienst von Böcklin eingetreten. Sein grossartiges Naturgefühl, sein scharf rechnender mathematischer Verstand, seine immer von sachlicher Erfahrung der Natur gegenüber gezügelte Phantasie haben hier etwas vollkommen Neues zu Stande gebracht. Kein Geringerer als Carus Sterne hat in einer eigenen Studie beleuchtet, dass diese böcklinischen Geschöpfe auf modernem naturwissenschaftlichem Boden gewachsen und dank erstaunlicher Kenntnis der Lebensbedingungen die ersten und bisher einzigen organisch richtigen Bildungen dieser Art in der Geschichte sind. Und das nicht allein. Böcklin hat auch ihre Daseinswelt geschaffen und sie damit in ihrer Lebensweise zuerst glaublich gemacht. Männer, Weiber, — Jugend, Reife, feist gewordenes Alter sind parallel zum Menschenleben mit seinen Erscheinungen gestellt, — diese Kentauren,

Pane u. s. w. sind in ihren Trieben, Bedürfnissen, in ihrem Gehaben gewissen typisch interessanten Erdenbürgern oft lächerlich verwandt. Einen weisen Pferdemenschen Chiron hat er anscheinend nur einmal gemalt; überall sonst ist es ein frohsinniges, stark animalisches Gesindel, dem das Spiel der Sinne und der Körperkräfte neben Essen, Trinken und Schlafen das Dasein als einziges Thun ausfüllt. Und dazu entfaltet der groteske Humor des Künstlers gerade auf diesem Gebiet seine vollsten Blüten.

Nach vereinzelten früheren Tastern ist Böcklin in dem schaffensseligen Jahr 1873 mitten drin in dieser Welt. Die erste Fassung des »Kentaurenkampfs« mit dem erbitterten, an Rubens'sche Wucht gemahnenden Streit auf Leben und Tod zwischen fünf Kerlen, die mit Steinen, Fäusten, Zähnen, Hufen einander bearbeiten, — auch als Allegorie auf eine dramatische Gewitterstimmung gedacht, — zählt dazu ebenso wie das reizende Idyll der »fischenden Pane« (1873), denen beim Fang im mittagsstillen Bergkesselsee zur Überraschung wie zum unverhohlenen Behagen eine bildhübsche Nymphe ins Netz geraten ist. Der Angst in ihren Zügen nach weiss sie, dass nur aphroditischer Sold sie aus den Händen der beiden Rüpel lösen wird. — Das nicht weniger humorvolle Bild der beiden »Sirenen«, welche am Meerufer vorüberfahrende Schiffer anrufen, ist auch so eine Probe auf die Naturmöglichkeit, denn augenscheinlich fest und sicher steht selbst die blasende dicke Alte auf den starken Geierfüssen mit den gepreizten Krallen, und natürlich gewachsen sind Haarschurz und Schwanz, so wenig salon-

fähig sie sonst auch aussehen. — Das bekannteste dieser
ersten Werke des Stoffkreises ist die sogenannte »Seeschlange« von 1873 in der Schackgallerie. Malerisch
im grauen Ton der »Villa am Meer« sich nähernd zeigt
diese prächtige Allegorie auf die Meeresstimmen ein von
weissen Schäumen umbrandetes Riff im abenddämmernden
Meer, auf dem ein rothaariges, tiefäugiges Weib mit
ihrem weissen üppigen Leib lang auf dem Rücken liegt. In
behaglicher Musse kraut sie den Kopf der in grossen Voluten
ihren teppichartig gemusterten Leib heranschiebenden Seeschlange, während rückwärts dazu gekehrt ein dicht-
gehaarter brauner Triton auf einer Riesenmuschel sein wildes
Glück in die dunkelnde Ferne hinausbläst, — was wohl wie
Brausen der Brandung ungefüge ertönen mag. — — —
— — — Aber selbst das trauliche, anregende und
für die künstlerische Abschliessung so günstige München
hält den Ruhelosen auf die Dauer nicht und bald ist er
für einen neuen Aufenthaltswechsel reif. Natürlich ist
Italien das Ziel, wo er diesmal Florenz zum |Wohnsitz
wählt, da ihm Rom vermutlich zu sehr moderne Welt-
stadt geworden und damit ernüchtert sein mochte. Elf
Jahre lang hält er diesmal von 1874—1885 aus, was für
sein Behagen am Orte spricht; auch seine Bilder dieser
Jahre bezeugen es rechtschaffen, wie wohl ihm hier war.
— An die für ihre Umgebung zart empfängliche Künstlerseele pochte ja hier der geheimnisvolle Grabeston der
fast verschollenen alten etrurischen Kultur mit ihren paar
Funden, Grabkammern und Unterbauresten im Lande
draussen an Felsennestern und zwischen grabhügelähn-
lichen Anhöhen hier und dort; die stolzen Bauwerke aus

Frühlingstag. Berliner Nationalgallerie.
Nach der Radierung von Max Klinger. (Verlag von Fritz Gurlitt.)

den beiden Blütejahrhunderten der einst die gesamte
italienische Renaissancekultur beherrschenden Hauptstadt
von Toskana grüssten ihn hier mit der Höhe ihrer Kunst
wie mit der dem Schweizer-Naturell sympathischen
Strenge des Stils; eine unendliche Fülle von Anregung
aber bot sich ihm unter den Bildmeisterwerken der Uffizien und Kirchen. Dazu gesellte sich als tägliche Augenweide für den Maler die heitere Lage der grünen Medizaeerstadt am Arno, — — zwei Jahrzehnte früher hierhergekommen wäre Böcklin sicher ein Anderer geworden. —

In der That kommen späte Maientage singend und
klingend in seine Werkstatt gezogen und lassen die Mehrzahl seiner schönsten Hauptwürfe jetzt reifen . . . . in seine
Malerkunst, in seine Empfindung, in sein Träumen kommt
ein würziger Odem mit neuem Schwung . . . . etwas
Klassisches und Endgiltiges arbeitet sich bei ihm aus, an
dem die alten Meister der Gallerie mitgeschaffen haben
mögen. Er muss sich dessen wunderlich bewusst gewesen sein, denn eine blütenselige Lenzstimmung erwacht
in ihm mit so endlosem Geläut, dass er's nicht anders
los wird, als in sechs Frühlingsbildern, von denen eines
immer schöner als das Andere ausfällt.

Die reizende kleine »Hochzeitsreise« (1875), —
eines der wenigen Bilder von ihm mit modernen Trachten,
— gehört eigentlich auch dazu. Fabelhaft gut gemacht
und von keuscher Lieblichkeit ist der aus Klingers Stich
bekannte Kopf einer »Flora«, — deren Gegenstand dann
zu einem malerischen Juwel böcklinischer Kunst in der
»Flora, Blumen streuend« (1876) gesteigert ist.
Dieser saftvoll-üppige Wiesenwuchs mit dem rieselnden

Quell, den Erlen und Birken im Hintergrund, den Schneebergen und lichtem Himmel mit hellen Wolkenballen kreist im glücklichsten Gewicht um das schreitende junge Weib im geblümten, grauseidenen Empirekleid, dem ein violettes Tuch um die Schulter und unter dem Blumenkorb hindurch sich schlingt. Es spricht dazu tiefsympathisch durch die Kraft des behenden Schritts und die reife Energie der Bewegung an. — Wie ein in Musik gesetztes Gedicht mutet eine Variante dazu von 1876 an: »Flora, die Blumen weckend«, — in Berlin mit seinen herbfrischen Farben auch als »Frühlingslied« bekannt geworden. Der Duft des still schaffenden Vorfrühlings erfüllt die Tafel, — er schwebt über der Ackerfläche mit dem Dorf dahinter, — ihn atmet die rosige Fleischfarbe des halb von einem Scharlachtuch umhüllten Weibes, das unter knospenden Bäumen in die Saiten seiner goldenen Harfe greift und mit verträumtem Liebesblick auf die Putten, d. h. die Blumen, schaut, welche noch schlafend, verwundert erwachend, herumkriechend in süsser Kindesunschuld sie umgeben. Wie bezeichnend ist die Frauengestalt für Böcklin! Nur sehr selten hat er dem weiblichen Schönheitsideal der Antike, dem rhythmisch gegliederten Formenreiz und der völlig neutralen Seele gehuldigt. Der kalte Liebreiz hat etwas Unverständliches für seine heissen Mannessinne; er hat dafür etwas herausgebildet, was ihm persönlich die höchste Augenweide gewährt: eine zur Fülle und Reife neigende, längst nicht mehr knospenhafte, sondern der Hochblüte nahe Gestalt, bei der die Naturaufgabe des Weibes schon in jede Bewegung gedrungen ist. Sie ist fraulich, ohne immer

Frau zu sein, — sie ist brünett, nicht schön, meist mit breitem Munde und unbedeutender Nase, und die Hautoberfläche ist nicht mehr ganz rein und glatt. Sie ist dazu tief verträumt, — ohne Arglist, Berechnung, Erfahrung, — sie phantasiert von dem, was kommen könnte und muss, — sie ist mit einem Wort Zeugnis für die sinnvolle Fülle und Kraft der schaffenden Natur, welche diesen Frauentypus in erster Linie für ihre weitsichtigen Zwecke geformt hat.

Man findet ihn auch in dem klassisch-schönen »Frühlingsabend« (1879), — dieser Symphonie auf die melodische Ruhe der in Schlaf einlullenden Lenznatur. Auch eine Naturträumerei, — ein erlauschter Eindruck auf einsamer Wanderung. Wie stimmungsvoll ist dieser blaue Schattenton über der Flur, — wie leise verwischt sich Form und Umriss und löst sich die Phantasie los, die nach der Ursache lockenden Klingens forscht. Da liegt ein tiefbrauner alter Pan auf buntem Fels und bläst die Syrinx, während die listigen Augen des durchtriebenen Gesichts versonnen vor sich hinblicken. Er sieht dabei gar nicht, dass am Hainrand daneben zwischen epheuumsponnenen Stämmen sein Laut Leben geweckt hat, — dass dort zwei wunderschöne Dryaden mit lächelndem Sinnen lauschen und mitträumen. — Das ist so rund und schmiegsam Alles in den Ton hineingebracht und so meisterlich mit weichen Händen als eine Dämmerungsphantasie herausgebildet, dass in dieser gemalten Musik kaum der ungemeine Reiz der Erfindung hervortritt, — man vergisst das Eine über dem Andern.

Frühlings-Einkehr. Zürcher Künstlergesellschaft.

Noch bekannter durch die schöne Radierung von Klinger ist ein ferneres Meisterwerk des Themas, nämlich der »Frühlingstag« (Berliner Nationalgallerie). Kühn streben die gelblich-weissen Stämme hoher Silberpappeln, — die Böcklin neben der Steineiche, der Cypresse, der Birke bevorzugt und meisterhaft darstellt, — über blumigem Seeufer-Wiesenplan, über rieselnden Bächen zum blauen Himmel mit den frischen Wolkenballen hinauf. Eine italienische Villa mit breiter Gartenbaumgruppe links, — der blaue See rechts bilden den Hintergrund des Orts, der in den frischen, lichten, frohen Farben des Frühlings prangt. Zwei spielende kleine Mädchen am Haus werden von einer violettgekleideten Frau überwacht, — ein blühendes Paar sitzt im Vordergrund, davon der ganz mit Rot nach idealer Mode und hohen Stiefeln bekleidete Jüngling die Guitarre spielt und das in helles Blaugrau gehüllte Mädchen andächtig lauscht, — ein Alter steht am See dahinter und blickt gedankenvoll hinaus. Man hat das Bild deswegen auch »die drei Lebensalter« genannt; der »Frühlingstag« jedoch trifft den Stimmungsinhalt genauer.

Doch auch die letzte Fassung dieses urewig frischen Frühlingsthemas, das mit der Schöpferkraft dieser Jahreszeit auf so unendlich viele Künstler zur Verherrlichung eingewirkt, ist eines von den Meisterwerken unseres Künstlers: »Frühlings-Einkehr« (1880, Züricher Künstlergesellschaft), — eine Behandlung, die gedanklich eine Parallele zum berühmten Florentiner Frühlingsbild des Botticelli bildet. Auch hier wetteifert der frische Reiz origineller Erfindung mit hoher Schönheit des Tons und glänzender Verschmelzung prachtvoller Lokalfarben mit ihm. Wie anmutig ist es aufgebaut! Der Wiesengrund mit der bekannten Zweiteilung durch ein munteres Bächlein inmitten, die fernen Berge im Hintergrund, die Baumgruppen in der Mitte und vorn Cypressen und Birken im ersten Frühlingsschmuck, — wie ruhsam liegt es darin und darüber, indessen das sehnsüchtige Drängen der Säfte und die Frühlings-Traumseligkeit durch die Gestalten ausgedrückt wird. Blumenbekränzt und syrinxblasend schreitet im Takt der alte Pan zur Linken einher, während Flora hinter ihm Blüten auf die Wiese streut; zur Rechten lehnen zwei tiefversonnene Dryaden in anderer Weise als auf dem »Frühlingsabend« gegen Baumstämme und lauschen dem verhaltenen Getön des Wachstums. In allen diesen, dem nächsten und noch anderen kommenden Bildern Böcklins wird viel Musik gemacht, — es ist noch viel mehr und bethörendere Musik hineingemalt. — —

Erstaunlich spricht aus diesen Werken der Vollreife überall die synthetische Dichterkraft des Künstlers an, die sich allmählich von litterarischen Hilfsmitteln gelöst hat. Er geht überall seine eigenen Wege und findet überall im totalen Eindruck, wie in den intimen, verworrenen, vielartigen Regungen der Natur Elemente von neuer und noch unverbrauchter Art in Hülle und Fülle, um bedeutende Allegorieen in einer ihm ganz eigenen und doch unschwer durchsichtigen Weise daraus zu formen. Wo er sich einmal mit einem Anderen berührt, spürt man, dass es unbewusst geschah, — und wo er auch wohl gelegentlich einen längst vorgebildeten Gedankengang wiederholt, da geschieht es mit so selbständiger Klangart, dass man es kaum merkt. Bei den meisten Bildern jedoch lässt die Güte der Mache und die Schönheit den Laien nur in den seltensten Fällen ahnen, welch' eine logische Denk- und Gestaltungskraft in ihnen steckt. Man hält ihn in seinen Ideen noch immer allzusehr für einen Geheimniskrämer und Phantasten und übersieht das verhältnismässig Einfache in seiner Allegorie dabei ganz. Die Frühlingsbilder-Hauptwerke sind ebensoviel Phänomene dafür, — ein weiteres unter noch ferneren die »Meeresbrandung«(ca. 1877, Berliner Nationalgallerie). Eine wasserfeuchte graubraune Meeresklippe mit tiefem Einschnitt ist geschildert, von der die letzte Brandungswelle ebenabläuft, während schon eine grünliche neue folgt, so dass die Vorstellung von einem unendlich wiederholten Jahrhundertprozess wach wird. Ein schöngebildetes, in gespanntem Lauschen gegen die Wand gelehntes Weib steht in der Grotte, von einem rotbronzenen, nass anklebenden Tuch umschlossen, welches das blaurötliche Inkarnat der Haut sehen lässt. Ihre Finger greifen leise in die grosse goldbronzene Harfe vor ihr, deren Saiten als Strahlen eines von oben kommenden Wässerchens angedeutet sind. Schon in der Idee sind diese Eingebungen so glänzend, dass sie auch in weniger genialer Mache wirken würden. Wie oben alle Säfte und Blumendüfte als mithineingemalt den Bildeindruck ausmachen, so hier der stupende Malerausdruck für das Feuchte des Orts und das harmonische Dröhnen seiner Meerbrandung. —

Daneben aber fallen diesem begnadeten Kopf in Hülle und Fülle noch die schönsten Sachen ein und werden zu bestechenden Meisterwerken. Ist auch nicht immer die eigentliche Idee ein »Schlager«, so wächst doch die Mache noch immer und hebt einen harmlosen Vorwurf oft zu den Höhen einer innerlich monumentalen Kunst. Man muss »die von Faunen belauschte schlafende Diana« (1877) hierher rechnen; sie gehört als Bild zu den schönsten Böckliniana. Wie hätte ein Anderer Derartiges behandelt und was hat Böcklin Vollkommenes in seiner Art daraus gemacht! Mit der naiven Freude der alten Niederländer und Deutschen an reinen Lokalfarben ist hier das Eigenste und Schönste darin von allen Paletten der Kunstgeschichte anscheinend zusammengebracht und im zartesten Schmelz verbunden. Ein reizender Strauss von kostbaren Tönen ist die Tafel in der That und doch so bestimmt in den Formen, so anmutvoll in der humoristischen Auffassung des Gegenstands! In prächtiger Berglandschaft ruht da schlafend die von der Jagd ermüdete Diana; ein gelbes Jagdgewand, ein herabgeglittener blauer Mantel, tiefrote Schuh umhüllen die Göttin, deren Inkarnat im liebreizenden brünetten Gesicht die rosige Färbung blühender Jugend zeigt. Über die am Fels Schlafende hinweg schaut man ins sonnige Land mit der durchsichtigen Luft des Südens. Zwei prächtige braune alte Faune, die am Stein hinaufgeklettert sind, bringen Leben in das Idyll. Der Strohblonde dabei regt sich ersichtlich an dem Anblick auf, — der Zweite umklammert ihn ängstlich, denn er weiss, dass ein Belauschen der jungfräulichen Göttin Verderben bringt. —

Von 1877/78 arbeitet der Künstler an seinem umfangreichsten religiösen Gemälde: »Die Kreuzabnahme«. Grossartig gedacht und in vielen Teilen eine packende

Lösung, — und das u. A. auch in der toten Christusfigur, in der Böcklin nächst Michelagniolo und Rembrandt vielleicht am besten das Authören des Centralwillens im Leichnam getroffen hat, — als Malerei eine sehr bedeutende Leistung, hat dieses Werk wie alle gleichartigen Böcklins dieselbe verneinende Eigenschaft: es ist in seinem Pathos nicht christlich empfunden. Fehlt diesem antiken Spätling dazu doch viel zu sehr die schlichte »christliche« Seeleneinfalt, ja der Sinn für Erregungen, welche sich unauffällig als Gedanken- oder Empfindungsprozesse um einen Einzelgott drehen; ihm sitzt der Polytheismus tief in Fleisch und Blut. Darum gelingen ihm blosse Existenzmalereien religiösen Charakters wie der »betende Einsiedler« (1878) so viel besser, als grosse Stücke mit bedeutsamem Inhalt.

Wieviel sicherer und mächtiger dagegen ist sein Schritt, wo er ein religiös-antikes Thema behandelt, — wie echt wirkt er da und erschöpfend in der Darstellung ethischer Empfindungen und Vorstellungen! Er ist sich dessen in seinem Kämmerlein anscheinend bewusst gewesen; das Bedürfnis, sich Rechenschaft abzulegen, ist vielleicht der erste Keim der beiden folgenden Schöpfungen. Die Eine sind die vielgenannten »Gefilde der Seligen« (1878, Berliner Nationalgallerie), — ein grosses, im Gewicht der Teile nicht ganz glückliches Bild, das nach einer Ausdeutung von Guido Hauck vermutlich aus einer Stelle von Faust II. angeregt ist und alsdann die Überschreitung des Peneios durch den weisen Kentauern Chiron und Helena zum Vorwurf hätte. Über tiefblaues Gewässer mit dünnhalsigen Singschwänen darauf trägt der braune

Kentaur nachdenklich schreitend das bildschöne Weib, welchem der durchsichtige Schleier mit seinem Purpur mehr zur Steigerung der blühenden Hautfarbe als zur Bekleidung dient. Jenseits einer ausgezeichnet gemalten Baumgruppe spielt sich auf sonnigen Gefilden das Treiben buntfarbener Gestalten der Seligen ab, — am aufsteigenden Fels oben bläst ein winziger Pan weitab ein Lied, — neben dem seltsamen Paar im Wasser schliesslich singen zwei übermütige Nymphen ein schelmisches Duett. — Das andere Werk hat ein »Heiligtum des Herakles« (1879, Breslauer Museum) zum Vorwurf. Hoch über dem blauen Meer und vor herbstlich gefärbtem Bergrücken ist ein Marmorrondel um ein bronzenes archaisches Heraklesidol und eine mächtige Esche darüber gewölbt. Buntgekleidete Krieger in Rüstung und mit Waffen knieen betend davor, indessen ein Genosse in stolzer Pose dorthin hinausschaut, wo Meer- und Himmelsbläue winkend ineinandergehn.

Diese beiden, thematisch und wegen des Gegensatzes in der Auffassung zur »Kreuzabnahme« interessanten Werke bilden in ihrer Monumentalität und der Ausführungsart bereits den Übergang zur nächsten Stilweise Böcklins. Sie hierher oder dorthin zu setzen, ist lediglich Gefühlssache. — —

* * *

Florenz. Die erste Hälfte seines Sitzes in der grünen Arnostadt ist ein Idyll voll sonnigster Heiterkeit; ein so glückvoller Pulsschlag, ein so würziger Lenzodem beseelt die Werke dieser Zeit, dass Bild um Bild fast an Lieblichkeit zum Vollkommensten in Böcklins Gesamtschöpfung gehört. Eine so tiefe Stille ist um

ihn und in ihm, eine so ungestörte Ruhe, dass er sich
seinem unzähmbaren Trieb nach neuen Kunstproblemen

Dichtung und Malerei.
Mit Genehmigung der Photographischen Union in München.

völlig überlassen kann. Er kann jetzt mit seiner reifen
Kunst Alles machen, was er nur will, — er hat sich mit

Toteninsel (Leipziger Museum).

den Alten in Vasaris Haus beim Palazzo Vecchio und der schönen Loggia dei Lanzi lange und oft genug unterhalten, um genau zu wissen, was er will, und was man auf dem Wege zum Letzten thun muss. Er weiss auch genau, wer er selbst ist, und fühlt das Bedürfnis einer Ausprache darüber, — was er als Maler mit dem Pinsel thut. Seine grosse Tafel von 1882: »Dichtung und Malerei« — ist dieses Selbstbekenntnis. Als zwei hoheitvolle Schwestern stehen die beiden Musen dort auf Bergeshöh' vor Cypressen- und Lorbeer-Kronen neben dem als Springbrunnen in Marmor und Halbedelstein gefassten Musenquell. Der Maler fühlt sich als Poet und der Poet gebraucht statt der rhytmisch fliessenden Sprache die glänzenden Metaphern seltener Farbenwerte. Eigentlich hätte die Musik auch dazu gehört.

Einige Werke der letzten Jahre wie die »Kreuzabnahme«, die »Gefilde der Seligen« und das »Heiligtum des Herakles« weisen schon auf den neuen, den monumentalen Stil der vierten und vorletzten Periode. Aber der eigentliche Durchbruch geschieht bei ihm immer plötzlich und unerwartet mit einem einzigen Werk, — was auch hier sich ereignet. — Er hat Italien als Landschaft wie Kulturboden nun in sich aufgenommen; die gelehrten Sorgen Winckelmanns, — das Prokrustesbett der Gipsabgussantike, das dessen künstlerischen Nachfolgern von Carstens bis Feuerbach so verhängnisvoll ward, blieben ihm erspart, weil er unphilologisch und unsachlich mit seiner nach Leben dürstenden Sinnenkraft nur lachenden oder sehnenden Träumen von einem antiken Paradies nachzog. Eine weite Wunderwelt hat sich vor seinem trunkenen Auge aufgethan, wenn er als einsamer Wanderer durch Gegenden zog, in die nie ein Fremder kommt, — der Begriff von Zeit und Raum hat sich ihm merkwürdig in dieser weltversunkenen Stimmung verwischt, — — das düstere Geheimnis etrurischer Kultur, — die in aller lichten Farbe so schwermütige Elegie verfallener Antike in Pompeji und Paestum, um den Busen von Neapel und Salerno, — die tiefernste Strenge und leidensvolle Grösse des Florentiner Stils, — das mächtige, prophetische Empfinden des robusten germanischen Schweizers sind so miteinander bei ihm verwachsen, dass man das einzelne Element nur sehr schwer scheiden kann. So viele kleine Juwele er auch noch schafft: er ist jetzt über die fünfziger Jahre hinaus und fühlt den Drang, in grossen und einfachen Worten das Letzte und Gewichtigste in dem auszusprechen, was seine Sache gewesen war. — Die Welt draussen aber, die so lange spröde und verständnislos diesem einsamen Künstler gegenüber stand und seine spärlichen Anhänger und Bewunderer verlachte, beugt ihren starren Nacken in diesem Jahrzehnt endlich vor der Gewalt des Genies in seiner fremdartigen Malerei . . . .

. . . . Grosse Kunstwerke sind so wenig Zufallsgabe als grosse Künstlerschaft; sie sind die Summe vieler Eindrücke, innerer Erlebnisse, starker Energie; sie wurzeln weit zurück und tief im Leben des Schöpfers. Auch in Böcklins grösstem Werk, — das als die bedeutendste Landschaft der Gegenwart gilt, — laufen alle die Fäden zusammen, die wir seit Weimar im Einzelnen verfolgten. Abstammung, Entwickelung, Eindrücke, Energie, — Alles vereinigt sich, um die »Toteninsel« (1880, Leipziger Museum) zu einer erschütternden Elegie auf die sterbende Antike zu machen. Was in der »Villa am Meer« Böcklin einst auszudrücken suchte, das wird hier in klassischer Form vollendet. Die erste Fassung davon entsteht 1880, — ihr folgen noch vier Andere, von denen die ein wenig späteren Varianten im Leipziger Museum und bei Schön in Worms (diese von Klinger radiert) die schönsten sind. Die Leipziger Fassung habe ich im Auge bei meiner Schilderung. — Der Vorwurf ist der Gruppe der Ponza-Inseln nördlich vom Golf von Neapel* entnommen; die Eilande sind nach Form und Gestein vulkanischen Ursprungs und in vorgeschichtlicher Zeit wohl Nebenkrater des Vesuvheerdes gewesen. Einige davon sind urbar und bewohnt, — andere lediglich öde Riffe. Ein Solches kommt hier in Frage. Die stehengebliebene Hälfte einer einstigen Kraterspitze ragt steil aus dem Meer. Die Wellen schwemmten einen kleinen Hof in mehrhundertjähriger Arbeit an; rastenden Vögeln entfiel Cypressensamen und fast ein Dutzend Riesen sprossten allmählich bis zum Felsgrat hinauf. Später kam der Mensch dazu. In den weichen Tuff grub er Gang und Kammern, fügte er Marmorfliesen, — er schloss den Hof gegen stürmischen Wellenschlag durch eine rohgefügte Mauer. Es war dann kein Symbol weiter anzubringen, denn der Ort wirkt todesernst wie eine Pyramide; er sollte ja auch der müden Kreatur Unterschlupf für ungestörte Grabesruhe bieten. — Diese Todesruhe in einsamer

---

* Nach anderer Lesart soll die Insel Korfu den Vorwurf hergegeben haben, während einer dritten zufolge, welche sich auf Mitteilungen des Künstlers selbst stützt, die Darstellung ein reines Phantasiegebilde sein soll!

Weltvergessenheit hat Böcklin zu ergreifender Stimmung ausgeklärt, — er wusste auch, in die tiefe Trauer die Nebenvorstellung vom Todesgang und der Todesrast der Antike hineinzumischen. Weiss und grau mit braunen Streifen wölbt sich der rundgeformte und abgebröckelte Tuff um die blaugrünen Cypressen, — fahlblau steigt brütender Gewitterhimmel vom nahen dunklen Horizont zu einem weisslichen Streifen am Scheitel auf, — tiefblau im Schatten, fahl im Licht liegt das glatte Meer auf der Lauer. Kein Vogelruf, kein Flattern, keine Stimme. Nur ein Kahn wird vom Fergen mit lautlosem Schlag der schmalen Einfahrt zugetrieben, um einen quer über den Bord gelegten Sarg unter der weissen Decke mit rotem Blumengewinde in sichere Grabeshut zu bringen. Schweigend auch beugt sich die aufrechte weisse Gestalt im Kahn über den Totenschrein, ... ist es ein Angehöriger .... ist es ein Priester? So tieftraurig in diesen Tiefen und Mischungen der Farbe lastet es, — so verhalten zuckt es in diesen grossen Linien mit ihren Kurven und Spitzen, dass man immer meint: der vorletzte antike Mensch würde dort vom letzten zu Grabe getragen, — mit seherischer Phantasie aber habe ein Spätling der grossen Vergangenheit den erschütternden Vorgang in ernster Stunde noch einmal erlauscht. —

Ein gross aufgenommenes Stück Homer: »Odysseus und Kalypso« (1880/81), — von Heimweh gepeinigt der Held und abschiedahnend die göttliche Nymphe, — der hübsche »Sommertag« (1881/82), mit dem der junge Klinger zuerst sich radiererisch an Böcklin versuchte, — eine sehr sorgfältig durchgeführte Landschaft mit einer »Quellnymphe« (1882), — die schon erwähnte grosse Tafel der »Dichtung und Malerei« (1882), — der »Abenteurer«, — das koloristisch merkwürdige Doppelbildnis der »Frau Waldecker-Gurlitt« mit ihrem Knaben und das in der glutvollen Art des Dianabildes gemalte Werk mit zwei drolligen alten »Faunen, eine schlafende Nymphe belauschend«, — diese sämtlich von 1882 herrührend, — sind die bemerklichsten nächsten Schöpfungen. —

Dann wird der uralte Mythos vom »Prometheus« (1882) Vorwurf eines neuen Meisterwerks. Von den blauen Bildern das blauste, folgestrengste im Ton und tonschönste — ist es von einer Ursprünglichkeit der Naturauffassung, wie vielleicht jene war, die einen Seefahrer in alter Zeit, einen wandernden Barden auch zum Erdichter dieser Sage machte. Ursprüngliche Kunst ist ja nichts Anderes als Naturlaut, Naturdeutung. Als athmosphärische Vision hat Böcklin den gefesselten Gott dargestellt. Ueber dem unheimlich tief gestimmten, fast schwarzblauen Meer mit der stürmisch-weissen Brandung steigt schroff und steil die braungraue Kaukasusklippe auf; Wasserfälle schäumen wild von ihr herab; im grellen Sonnenfleck und in den blaukalten Schatten rauschen die Baumwipfel am Hang unter wütendem Herbstwind; auf der höchsten Kuppe aber sieht man unter rasch fliegenden Sturmwolken in riesiger Bildung den Gott schattenhaft ausgestreckt. Dadurch dass der Körper den oberen Bildrand zu berühren scheint, ist mit feiner Berechnung die Vorstellung von qualvoller Fesselung, — durch die einsame Höhe mit den ziehenden Wolken diejenige un-

Prometheus.
Nach der Radierung von F. Böttcher.
Mit Genehmigung der Photographischen Union in München.

endlicher Zeitdauer hervorgerufen. Die ganze Auffassung ist in ihrer Ursprünglichkeit nicht eigentlich hellenisch, sondern greift in den Eddamythos mit seinen Winterhaft-Vorstellungen über; Böcklin wird selbst kaum gewusst haben, dass sich hier das deutsche Blut in seinen Adern verriet. Der Name »Prometheus« war ihm auch bei der Auffassung nicht mehr als ein Etikett; er liess sogar den typischen Geier charakteristischer Weise weg, der so oft gemissbraucht ist, dass er den Humor beim jedesmaligen Erscheinen mit der Vorstellung von Uebersättigung — »alle Dage Leber?« — längst herausgefordert hat.

Ein intimes Juwel voll Innigkeit deutschen Empfindens bildet im »geigenden Eremiten« (1882, Berliner Nationalgalerie) wiederum den von ihm wohl aus kraftökonomischen Gründen gern gewählten Uebergang vom Monumentalen zum Zierlichen. Das Bild gehört zum Besten unter diesen kleinen Perlen der 80er Jahre und zeigt eine so liebliche Sinnigkeit, wie man sie nicht oft bei Böcklin findet. Denn rührend in seiner kindlich hingegebenen Gläubigkeit ist der uralte Mönch, der im Vorbau seiner Hütte vor dem Gnadenbild an der Wand ein Abendlied auf seiner Geige spielt. Er ahnt nicht, dass Engel im letzten Sonnenstrahl über der schon blau gefärbten Abendwelt draussen heruntergeflattert sind, auf der Lichtöffnung lächelnd sitzen und durch das Guckloch nach ihm spähen. Wie fein ist das zugleich gemacht!

Das zweimal gleich vortrefflich vorhandene »Opferfest« (1883, Hamburger Kunsthalle), — auch als »Heiliger Hain« und »Feueranbeter« bekannt, — die phantastisch beleuchtete »Burg am Meer« (1883) entstehen jetzt neben weniger wichtigen Tafeln; kann man sich doch bei der Fülle des Späteren namentlich immer nur auf das Bezeichnende beschränken. —

Seit den 70er Jahren steigert sich bei Böcklin allmählich eine gewisse Freude an der Meeresdarstellung. Wellenschlag, Brandung, Leuchten, Gewitter- und Sturmstimmung schildert er immer unmittelbarer im Gefühl für das elementare Leben des Wassers und für das Geheimnisvolle unter seiner Oberfläche. Von der »Villa am Meer« bis zur »Seeschlange«, von der »Venus Anadyomene« bis zur »Toteninsel«, zum »Prometheus« und der »Burg am Meer« sind Stufen des Fortschritts zu verfolgen. Nahezu alle Hauptwerke der Monumentalperiode behandeln es oder zeigen wenigstens eine Verbindung damit. Das neue Hauptwerk von 1883: »Im Spiel der Wellen« (Münchener Pinakothek) ist eine Verkörperung und Verherrlichung heiter bewegter Meereinsamkeit schlechthin. Und nach den düsteren Elegieen der »Toteninsel« und des »Prometheus« ist es in packendem Gegensatz ein Zeugnis von unbändiger Lebenslust beim Künstler, der hierin in seinem eigensten Gebilde der Doppelkreatur nahezu das Beste schuf. Wie anmutig ist dies humorvolle Scherzo schon ausgedacht, — wie glorios ist es gemalt, — und zu welchem monumentalen Stück leibhaftiger Vorwelt ist es Alles in Allem ausgestaltet! Inmitten hochgehender aber nicht stürmischer Wellen von grünlicher Durchsichtigkeit und unter lachendem blauen Himmel, dessen Wolken vom Horizont her vergnügt durch den Aether segeln, ist eine ausgelassene Gesellschaft beisammen. Lauter prächtige Urgeschöpfe, ohne jeden schwächenden Ansatz von Gehirnabrichtung schrankenlos ihren nächsten Trieben lebend und doch durch ihre Freude und den Spass schon aus dem Unbewusst-Animalischen weit herausgerückt. Da ist eine heitere Spiegelung ungetrübten Daseinsglücks, zu dem mit famosem Realismus Vorbilder aus dem vollen Leben herausgegriffen sind: feiste Münchener Metzgermeister, drollige alte Schäker, dumme junge und schon erfahrenere Schenkmädel, — Leute, die nach harter Arbeit und namentlich fern von Muttern auf einem auswärtigen Schützenfeste derben Spass lieben und treiben, haben Modell gestanden dazu,

Im Spiel der Wellen (Münchener Pinakothek).

ohne es zu wissen. Und das giebt solchen Dingen bei Böcklin die erschütternde Echtheit und Natürlichkeit; diese seine Urgeschöpfe wissen nie, dass sie eigentlich naturwissenschaftliche Kuriositäten sind; der wahre Wert der Antike, der sie angehören, — die Schönheit der Aphrodite von Melos, — die Grundsätze römischer Kaiserzeit - Politik sind ihnen genau so überspannte Verrücktheiten wie einem heutigen Kossäthen im schönen Kartoffellande Kassubien. — Da schwimmt prustend und stöhnend in wilder Hast ein dickbäuchiger alter Seekentaur mit bronzefarbenem Trinkerleib und buntgeflecktem Pferdekörper heran, um eine hübsche Nymphe, die ihm eben durch Untertauchen entwischt, zu mannlichem Kurzweil zu erhaschen. Den ungefügen Trottel auslachend lässt sich eine Andere bei Seite auf dem Rücken treiben, — sie würde gegebenen Falls nicht so spröde sein: sie ist nicht mehr ganz jung und hat Verständnis für die harmlose Glut alternder Herren. Angstvoll dagegen schwimmt im Vordergrunde eine blutjunge, blauäugige und lilienweisse Schöne davon, welche unter beruhigendem Lächeln ein blondhaariger und kupfernasiger alter Triton begleitet, indes hinter ihnen ein Froschmensch eben in die Tiefe sinkt. — — Das ist mit argloser Unbefangenheit in allen Einzelheiten liebevoll ausgetiftelt und doch von mächtiger Wirkung durch das heilige Künstlerlachen über den eigenen drolligen Einfall; man wird in dem fröhlichen Behagen, welches über dem Bild schwebt, immer an den Kraftmenschen Rabelais erinnert, wenn er inmitten des gelehrten Wustes in seinem »Gargantua« sich allezeit der Abwechslung froh an einem groben Scherz erquickt, so dass man sein Lachen zu hören vermeint, vor dem die Wände der Pfarrklause zu Meudon erzitterten. — Das ist das weitbekannte »Spiel der Wellen« von dieser Künstlerhand, welches malerisch zu seinem Besten gehört; hat es doch in anderthalb Jahrzehnten durch das Verwachsen der Farben eine Patina angesetzt, die unvergleichlich ist. — Verwandtes hat der Künstler einige Jahre später in dem Bilde der »Najaden« (Baseler Museum) angestrebt, die mit ihren Männern und Babies von der gischenden Brandung an einem Riff sich hinauf- und hinunterschnellen lassen, als hätten sie kein Schwergewicht und als ob der Fels von Gummi wäre. — Als humorvolle Erfindung zu nennen ist noch »Gottvater und Adam« (1884), von denen der Letztere als schüchterner Primaner von dem Ersteren, einem würdigen alten Herrn in besternter roter Tunika, Unterweisungen empfängt. — — —

— — — Inzwischen war der Künstler abermals von Heimweh in die Ferne und diesmal nach dem Vaterlande ergriffen. Er näherte sich den 60er Jahren, stand auf seiner künstlerischen Höhe, war nach und nach in behagliche Lebensverhältnisse gekommen, — er musste sich aus vielen Zeichen als Anerkannter betrachten. Da mochte es ihn treiben, so viele Jahrzehnte ihm noch beschieden wären, daheim in Ehren zu sitzen und sich an dem zu sonnen, was er ein inhaltvolles Leben hindurch aufgebaut. Er zieht 1885 mit den Seinen diesmal nach Zürich, wo er sich in Hottingen einen freundlichen Sitz schafft und eine Werkstatt in einem grossen Holzbau dazu herrichtet. Schwarz beschlagene und beinahe schmucklose Wände, die mittels farbentiefer Streifen durchtrieben belebt sind, umgeben ihn hier mit jener tempelhaften Feierlichkeit, die aus den grossen Werken dieser Jahre unverkennbar wiederstrahlt. Er weiss aber trotzdem ausserhalb der Arbeitsstätte die Freuden des Lebens zu geniessen. Er wird froher und ausgelassener, — die düsteren Stimmungen werden seltener, klingen nur vorübergleitend einmal an, sind aber nicht mehr tief und andauernd genug, um noch eine monumentale Elegie in der Art der »Toteninsel« und des »Prometheus« zu Stande zu bringen; denn selbst in dem Drama des »Burgbrands« ist eine resignierte Lichtheit, eine anteillose Grösse der Betrachtung wahrnehmbar, die Böcklin so schön in der letzten Strophe des oben angeführten Gedichtes ausgesprochen hat. —

Wir besitzen ein charakteristisches Bildnis von ihm aus dem von ruhiger Sonnigkeit erwärmten ersten Jahre, — das schönste unter seinen »Selbstbildnissen« (1885). Es wäre Holbeins würdig. Die starke, behäbig gewordene Figur mit angegrautem kurzem Haupthaar und kurzem Schnurrbart steht aufrecht und selbstbewusst, ja ein wenig herausfordernd vor einer schrägen farbigen Wand und hält ein Weinglas in der Hand. Der feste klare Blick ist merkwürdig frei von Phantastik und Träumerei, — seine Innenwelt ist ja ausgereift und liegt offen wie ein sonniges Gefilde vor ihm, — es bedarf des Suchens nicht mehr. — — So mag er beim frohen Dionysosdienst, unter dessen Zeichen er in Ehren grau ward, seinem liebsten Freunde, dem genialen Seelendeuter und nebenamtlichen Staatsschreiber von Zürich, dem schnurrigschrullenhaften, gelegentlich auch saugroben Gottfried Keller, mit dem er oft beim Wein sass, zugetrunken und sich mit diesem zugleich an dem tollen Uebermut ihres jugendlichen Lieblings Stauffer-Bern, — des Radierers, Bildhauers und geistreichen Kunstepistelschreibers, — ergötzt haben. Waren die drei doch in diesen Jahren, da Keller noch lebte und Stauffer erst die Anfangs-Auftritte seines unglückseligen Lebensdramas spielte, die gleichzeitigen geistigen und künstlerischen Blüten der kleinen Schweiz; sie drängten sich naturgemäss deshalb zusammen. Gelegentlich einer solchen feuchten Sitzung war es, wie mir ein gelegentlicher Mitzecher als Augenzeuge erzählte und auch Brahm meines Wissens überliefert hat, — dass Stauffer auf dem nächtlichen Heimweg plötzlich aus einem Disput enteilte, mit kühnem Satz das Wasserbecken eines Marktbrunnens in Zürich übersprang, die Säule in der Mitte erkletterte und mit pathetischer Pose die fehlende Figur oben ersetzte, wozu der Mondschein seine anerkennende Teilnahme durch helles Licht ausdrückte. Die beiden alten Herren Böcklin und Keller aber lachten, bis ihnen die Thränen herunterliefen, und Keller selbst murmelte ein über das andere Mal: »Verfluchter Kerl!« in seinen spiessbürgerlichen Bart.

Einer solchen Stimmung verdankt gewiss ein merkwürdiges Bildwerk seine Entstehung, — nämlich der von Böcklin angeregte und bemalte, von seinem Schwiegersohn Bruckmann modellierte »Froschkönig« (1886), der als eine vermenschlichte, im »Spiel der Wellen« schon vorhandene Froschkopfbildung auf eine Hermensäule gesetzt ward und mit seinen Flunschlippen, der plumpen Nase, den glotzenden gelben Augen und den Schilfhalmen über dem kahlen Schädel eine spassige Ausgeburt kaustischen Witzes ist. Boshafte Lästerzungen in Berlin W. behaupten, dass es eine Karrikatur mit einem bestimmten Ziel sei, — etwa in der Art der Baseler Fratzen. Eine Böcklin nahestehende Persönlichkeit stritt es auf meine Frage bestimmt ab, weshalb ich mich mit der Erwähnung der Gerüchtsthatsache begnüge. — Ein Zeichen aber ist dies Werk sicher dafür, wie fröhlich es mit dem hereinbrechenden Lebensabend in der Künstlerseele aussieht, — wie sehr sie zu Scherz und Kurzweil aufgelegt ist. Bestätigt sich doch auch dieser echt germanische Zug in den Heimatjahren noch anderweit. Denn aus diesem wundersam bewegten, ausdruckwechselnden, wurfgewaltigen Schaffen hebt sich jetzt mehr seine Grundgabe der Charakteristik, seine Waldphantastik, seine Gemütstiefe hervor, — er giebt hiervon Kleinodien heraus, die er lange bei sich behalten und deren Vorhandensein in solcher Köstlichkeit sich nur vereinzelt verriet.

»Das Schweigen im Walde« (1885) ist eines davon und auch sonst eine seiner glücklichsten Allegorieen. Durch die Walddämmerung zwischen dichten Stämmen und hängendem Laub, das nur ein paar Streifen dunkelnden Himmels sichtbar werden lässt, und über rötlichen Boden mit Zweigen, Muscheln und Tannenzapfen schreitet langsam ein glotzäugiges Tier, das mit seinem braun und weiss gefleckten Fell, dem Horn auf der Stirn und dem bleckenden Maul halb Ziege halb Rind ist. Regungslos auf ihm und mit unheimlichen Augen vor sich hinstarrend sitzt ein blaugrau gekleidetes Weib. Das »hörbare« Schweigen im Walde, das stille Grauen bei hereinbrechender Dämmerung und die schreckvolle Beklommenheit bei einem plötzlichen Geräusch, wie das Eichhörnchen am Stamm, die Eidechse am Boden, das Rascheln im Laub und das Knacken eines trockenen Zweigs sie verursachen, — diese leisen Regungen der still atmenden Natur in ihrer Wirkung auf die Nerven sind hier, — so unmalbar sie auch scheinen müssen, bevor man das Bild kennt, — mit greifbarer Plastik ausgedrückt. —

Wie die »Najaden« ist auch das Idyll: »Im Meere« (1886) eine Variante zum »Spiel der Wellen«. Ganz an sein Thun hingegeben schwimmt da ein alter Seekentaur über das glatte Meer und fügt des »Basses Grundgewalt« zum Ton der ungefügen Harfen-Saiten; mitsingende Nymphen aber und lachende Tritonen begleiten ihn munter. — Der skizzenhafte »Tanz um die Bakchussäule«, — das reizende Bildchen der »Herbstgedanken« (1886) mit einer sinnend durch die herbstliche Natur am Bachufer wandelnden Frau entstehen weiterhin in diesem Jahr; wobei das Letztere in der schmelzvollen Koloristik eine Perle genannt werden muss. —

Wie wundersam treu ist das Gedächtnis bei diesem merkwürdigen Mann! Er arbeitet kaum vor der Natur, — er nimmt sie — ein goldechter Impressionist! — nur mit den Sinnen auf, — er träumt von ihr, bis der Traum grossgenährt ist, und fällt dann mit mächtiger Faust darüber her, das flüchtige Phantasiebild auf die Tafel zu zwingen. — Schack tritt eines Abends in Böcklins

Von Seeräubern überfallene Burg (Burgbrand.)

Mit Genehmigung der Photographischen Union in München.

Werkstatt, — der Künstler fährt erschrocken von seiner Staffelei auf, — er erzählt nach einer Verlegenheitspause dem Grafen, dass er seit dem frühen Morgen an der Staffelei sitze und in diesen Zauberwald alle die Wunder hineinträume, die Tasso von ihm berichtet habe. — Da liegt das Grundgeheimnis der böcklinischen, schliesslich aller grossen Kunst: die unwiderstehliche Suggestion des Glaubens. Erinnerung eines phänomenalen Gedächtnisses und liebevolles Ausreifenlassen! Der überall regsame Zauber echten Lebens im Böcklin-Werk erklärt sich damit, — soweit solche Gefühlsgeheimnisse überhaupt erklärbar sind, — aber auch jene Erscheinung, dass oft weit in der Zeit zurückliegende Eindrücke bei ihm und dann fast immer in einer ganz andersartigen Umgebung zu Kunstwerken werden. So auch in Zürich: erst einige Jahre nach dem Abschied vom Süden reifen noch mehrere der grossartigsten Meermalereien, die abgesehen von allem Böcklinischen darin auch in der technischen Meerbehandlung als unerreicht in der Gegenwart mit vollem Recht gelten.

Die zweite, grössere und ganz monumentale Fassung des »Burgbrandes« (1886), — auch »von Seeräubern überfallene Burg« genannt, — gehört dazu. Die Ansicht ist nun von der entgegengesetzten Seite genommen, alles Kleine fortgelassen, Wirkung nur mit grossen Massen angestrebt und erreicht. In durchsichtige Luft steigt der bräunliche Fels starr aus tiefblauen, in grossen Konkaven mit spielendem Schaum sich heranrollenden Wogen hinauf, — eine reiche, in Brand gesteckte Burganlage tragend. Sie ist mit dem Gestade durch eine riesige, nüchterne Steinbrücke verbunden. Licht ist der Horizont, — graublaue Brandwolken verdecken den ganzen Scheitel. Die Seeräuber, welche unter Aufsicht eines rotgekleideten Anführers mit drei breiten Booten an der Brücke harren, um die von Genossen über die Wassertreppe herabgeschleppte Beute, Weiber und Kinder aufzunehmen, treten als menschliche Staffage gegen den mit so wenigen Gegensätzen erzielten mächtigen Natureindruck zurück. Wer hätte Derartiges vor Böcklin nur gewagt und wer wird es nach ihm machen? Vielleicht einmal Klinger? Alle koloristischen Durchtriebenheiten, die man heute z. B. an Besnard bewundert, sind hier vorhanden, und doch sind sie nur Nebensächliches gegen die majestätische Natur.

Der »Kentaur in der Dorfschmiede« (1886/87), — die als schwarzäugige, von einem Riff in das fahl brütende Meer hinaus spähende Najade verkörperte »Meeresstille« (1887), — die anmutvolle Auffassung des Charfreitagszauber-Motivs in singender und Guitarre spielender, blumenpflückender Mädchenjugend in »Sieh', es lacht die Aue!« (1887) werden dann ebensoviele Zwischenglieder zu Böcklins letzter grosser Monumental- und Meeresschöpfung: »Meeresidylle« (1887), — auch »Meerfamilie« zum Unterschied von anderen Werken mit diesem Titel genannt. In der Meermalerei, in der Lösung des Problems von der ursprünglichen Menschenkreatur ist sie allen den grossen Würfen seit dem »Spiel der Wellen« gleichartig. In der Unmittelbarkeit des Naturgefühls und des nun aufs Vollkommenste ausgebildeten Raumsinns bei ihm steht sie noch höher und bedeutet den letzten Endpunkt einer unendlich bewegten Bahn: der Farbenvirtuose von Weimar in den 60er Jahren, der in der Tafel mit einem reichen Strauss seltener und origineller Farben anakreontische Anmut und Zierlichkeit lange vor Augen hat, — dieser graziöse Farbenmusiker ist Schritt für Schritt zu einem idealen Realisten gewandelt, der seine besten Eingebungen der auf Schritt und Tritt selbstvergessen belauschten Natur verdankt. Es ist freilich ein königlicher Realismus und ein majestätischer Natursinn bei ihm, der in keiner dunklen Stunde jemals am Dreck kleben blieb, weil er kein Organ dafür besitzt. Das frische Meer dünstet um diesen kleinen Kreis blutsverwandter Kreaturen, — aber kein ekler Thrangeruch mischt sich vom Atem dieser Fisch- und Robbenesser hinein. Mitten in grossgewölbten Wellen mit Schaumfäden und unter durchsichtigem blauem Himmel mit langgezogenen Wolkenballen schwimmt ein Riff, auf dem langhingestreckt die üppige nackte Mutter mit dem Säugling liegt, während das ältere Kind hinter ihr sich in wilder Neugier aufrichtet. Eben ist der Vater daneben aufgetaucht und bringt am Hals gepackt einen feisten Seehund als Spielzeug, als Mahlzeit mit. Das Fell dieses Viehs, die Hautfarbe der Frau und des Mannes sind einzig gemalt, — eine Naturkraft aber liegt im Auge dieses Meerwildlings, während er die Seinen und sein Weib anschaut, — jene schaffende Kraft, die diesen Kreis nach dem Naturwillen zusammenhält. Ein unmittelbareres Stück Natur hat Böcklin in seinem ganzen Werk nicht geschaffen . . . .

Ob ihm dies und sein Entwicklungsgang bis hierher ins Bewusstsein trat, als er tief aufatmend Pinsel und Palette bei Seite legte und lange auf diese Arbeit schaute? Er steht geistig zu hoch, um nicht ein sicheres Urteil über die springenden Punkte in seinem Schaffen zu haben, — um nicht zu wissen: hier ist ein Punkt, über den du nicht mehr hinauskommst! Mag hiervon nicht ein intim-persönlicher Faden zu jener so bedeutsam abschliessenden Schöpfung mit dem Thema: »Vita somnium breve« (1888, Baseler Museum) — »das Leben ist ein kurzer Traum«, — hinüberleiten? Denn bei stiller Einkehr schwinden die Zwischenräume und Reibungen, — mühloses, wenig ausgenutztes Tagwerk scheint, was heisses Ringen vieler Jahrzehnte war; die goldenen Früchte im Korbe verraten nichts von dem langen und schwierigen Prozess ihres Wachstums seit dem ersten Frühlingshauch, — nichts auch von ihrer Wirkungskraft. — Es ist ein freundlicher Gedanke, einen Grossen in stiller Gelassenheit also die Summe des Lebens ziehen und die Quintessenz seiner innersten Art am Ende der Bahn in einem sonnigen Gedicht niederlegen zu sehen, das Geist vom Geist seiner lieblichsten Blüte, nämlich der Frühlingsbilder in den ersten Florentiner Jahren, ist. »Vita somnium breve« ist ein solches Facit; dass hinter der allgemeinmenschlichen Wahrheit eine persönliche zu suchen ist, dürfte mehr als eine untergeschobene Vermutung sein, denn der innere Zusammenhang bei jeder Handlung, — das planvolle, gedankenreiche, Beziehungen suchende Ineinanderwirken ist auch eins der stechenden Kennzeichen bedeutender Persönlichkeit; es wird bei ihr immer nur äussere, nie innere Zufälligkeiten geben.

Eine Frühlingsphantasie mit der geheimen Schwermut treibender Säfte und ahnenden Durchblicks auf Verzicht ist dieses Bild, das in der verhaltenen Glut, der satten Schönheit, dem Schmelz der Farben so vollendet als in Aufbau und Idee ist. Auf blumiger Wiese mit blaurieselndem Quell sieht man vorn zwei Kinder in unschuldigem Spiel mit Blumen hantieren, — dicht an der marmornen Quelleinfassung mit der Titelinschrift steht eine reife Jungfrau mit rotem Haar, der ein tiefblauer, goldgesternter Schleier halb den Körper mit dem prachtvollen Fleischton verdeckt; Blumen in den Händen schaut sie sinnend zur Seite hinaus, — während drüben am Gehölz ein rotgekleideter Ritter mit Stahlkappe und Lanze auf seinem Schecken in die unbekannte Ferne hinausreitet. Auf dem Brunnengehäuse droben aber sitzt, als Silhouette gegen den blauen Himmel und weisses Sommergewölk gedacht, müde und stumpf ein uralter Greis; er ahnt nicht, dass hinter ihm schon der feige Tod mit einem schweren Stab zum vernichtenden Schlag ausholt . . . . eine Fülle und Tiefe, ein Glanz und eine Glorie erfüllt dies Bild, wie nur die schönsten von dieser geweihten Hand. — Es ist ja auch der letzte grosse Feiertag in seiner Künstlerschaft! — —

— — Denn hinter ihm geht ein Riss quer durch die Bahn Böcklins! — —

Die Hand beginnt zu ermatten; es geht mit seiner Schaffenskraft fast mit einem Mal dem Abend zu. Die als lichtes Gegenstück zur »Toteninsel« entstandene »Lebensinsel« ist matt; die »Heimkehr« ist vereinzelt in der Wasserspiegelung des Beckens und der

Abendstimmung noch ausgezeichnet; in der vielbelachten »Susanna im Bade« gehören die beiden polnischen Ebräer in der Schilderung des Typus wie ihrer brennenden Gier sogar zur besten Charakteristik Böcklins; die stilstrenge »Frühlingshymne«, — allesamt von 1888, — mit den schweigend unter spriessenden Blumen auf die Stimmen des Lenzes lauschenden »drei Grazien« zeigt anscheinend sogar noch einmal die volle Kraft, — — aber Schwung, Duft und Schmelz sind in ihrer feinen Würze heraus und die wärmende Glut ist erloschen; man ist nicht mehr hingerissen, sondern bewundert nur mehr kühl, was der greise Künstler noch kann, — und dazu hat man — gottlob — bis heute Anlass.

Mit 1888 ist die vierte, monumentale und letzte schöpferische Periode abgeschlossen. Der alte Löwe ist müde, — sein Altersstil beginnt. Und dennoch schafft die fabelhaft geschulte Phantasie immer noch Neues, — neue Farben und Verbindungen tauchen auf, — er versucht stets noch neue Wege in unerloschenem Schaffensbedürfnis, — — nur fehlt der süsse Saft der Jugend und der Zauber unvergänglicher Schönheit in diesen Träumen eines alten Mannes. — —

Maske vom Baseler Künstlerhaus
Mit Genehmigung der Photographischen Union in München.

*   *
*

Ein »Selbstbildnis von 1893« (Baseler Museum) zeigt ihn noch einmal in der robusten Kraft, die er sich trotz hohen Alters bis heute bewahrt hat. Etwas Löwenhaftes ist darin, — das Selbstvertrauen eines Riesen, den ein ruhloses, reiches, jäh bewegtes Leben seelisch nicht mürbe gekriegt hat, — aber auch noch eine Spannkraft, die an den spröderen Pulsschlag hoher Jahre nicht glauben mag. Ein aufrechter Mann, der er immer gewesen ist, steht er hier straff an der Staffelei, grauhaarig, vollbärtig, in seidegefütterter violetter Jacke, bunter Kravatte, grauen, gross und blau karrierten Beinkleidern, — die scharfen Augen blicken kraftvoll aus dem nun rundgewordenen Gesicht in den — unsichtbaren — Spiegel, der ihm für sein Conterfei dienen muss. Die rechte Hand hält den Pinsel, — eine derbe, zupackende Hand voll Sicherheit. Die grellen, aber nicht unharmonischen Farbengänge des Bildes sind die seiner Alterswerke. —

Das originell erdachte Triptychon der »Mariensage« (1890), — der bunte »Gang zum Bakchos-Tempel« (1890), — »Herodias' Tochter« (1891), — die humorvolle »Fischpredigt des H. Antonius« (1892), — der »Cimbernkampf« (1892) bilden die erste Reihe der Alterswerke und entstanden meist noch in Zürich. In Italien nach langer Krankheit entstehen der »Dianazug« (1894), — die geistreich ersonnene und sorgsam durchgeführte »Venus Genitrix« (1895), — der drollige »Polyphem« (1896) und seine neueste grosse Eingebung vom »Krieg« (1896), in dessen Aufbau man die Löwentatze noch recht kräftig spürt. Da sausen die in der Weise des Dürerischen Holzschnitts erdachten vier apokalyptischen Reiter über eine italienische Stadt hin, in der die Kriegsgräuel von Brand, Verwüstung, Kampf im starken Gegensatz zu dem Vorstadt-Gartenfrieden im Vordergrunde stehen. Es ist gewiss eine bedeutende Eingebung voll Eigenart, aber sie blieb im Wollen hängen; möglichenfalls ist auch gewissen Eigentümlichkeiten nach bei der letzten Ausführung dieses wie auch von einigen anderen neueren Bildern der ältere Malersohn Böcklins beteiligt? —

Die apokalyptischen Reiter! . . . . Er soll sie in einer abermals neuen und noch bedeutenderen Auffassung auf der Staffelei haben. — — — Wenn die Tage sich neigen, wendet das müde Menschenauge sich sehnsüchtig den letzten grossen Problemen zu, ... welch' ein ergreifender Anblick ist es doch, diesen bethörenden Zauberer jetzt die Paradiesesträume von vier Jahrzehnten fast über Nacht vergessen und seine Farbenharfe demütig und leise in den erhabensten Vorstellungen des christlichen Glaubens verklingen zu sehn! . . . .

Ihm musste viel Leid beschieden sein, ehe er vom Ruhehafen des Alters aus seine Gedanken einer Ideenwelt zuwandte, die ihm etwas Fremdes geblieben war trotz manches schönen Werks darin. Es hing mit der Unrast zusammen, die vom ruhlosen Schweifen der Phantasie durch alle Fernen auch auf Böcklins wandernden Erdenleib überging: ein schwerer Schlaganfall wirft ihn 1890 auf ein langes Siechenlager. Die im Bildnis und als Figur in seinen grossen Bildern so oft von ihm verherrlichte Gattin bestimmt ihn, die heilsamen Seebäder von Carrara zu gebrauchen. Er lebt von 1892 bis 1895 in der Marmorbruch-Stadt, und seine zweite Heimat dankt ihm seine treue Liebe und Anhänglichkeit durch eine fast völlige Genesung. Sie lässt ihn auch nicht mehr los.

Er siedelt 1895 nach Florenz über, — und dort hoch über der Stadt am grünen Abhang des uralten Fiesole gründet er sich zu St. Domeniko einen herrlichen Alterssitz. Ein weiter Garten mit alten Bäumen, Terrassen, Kopieen antiker Marmorwerke, schmuckvollen Anlagen umgiebt das Wohnhaus, das der Architekt unter Böcklins Söhnen zu einem behaglichen und abwechslungsreichen Sitz mit Säulenhallen und Veranden umgeschaffen hat. Ein reizender Ausblick bietet sich von dort auf das ehrwürdige Florenz drunten. In einem kleinen Werkstattbau mit wenig Gerät und einem kleinen Fenster, — mit schwarzen, von grünen Streifen gefelderten Wänden, von denen nur die am Eingang liegende Seitenwand des Reflexes halber gelb gestrichen ist, aber haust der Herr dieses prächtigen Künstlerheims; hier empfängt er dann und wann einen bevorzugten Gast, und weiss dieser den richtigen Ton bei ihm zu treffen, dann kommt die alte Lebhaftigkeit über ihn: die Augen leuchten, die Sprache überwindet die vom Schlaganfall zurückgebliebene Störung, der Gang wird wieder leicht. — Draussen aber um dies antike Villenidyll schmiegt sich eine hohe gezinnte Mauer und zwei bissige Hunde bewachen nach dem Zeugnis einer in Florenz lebenden Engländerin das Eingangsthor. Er mag von der Welt draussen nicht eben Viel wissen, — ihm genügt der Kreis der Seinen, von denen die Gattin und der eine Sohn ständig bei ihm sind, während die anderen Kinder wenigstens öfter auf Besuch erscheinen. Von seinen vierzehn Sprossen leben heute noch sechs, deren Mehrzahl dem künstlerischen Beruf angehört. Ein Sohn ist

Arnold Böcklin.
Nach einer Originalaufnahme von Fratelli Alinari, Florenz.

Architekt, zwei Maler, eine Tochter ist an den Bildhauer Bruckmann verheiratet, die andere lebt in Bukarest, der letzte Sohn als Zahnarzt in Florenz. — Was ihm in harter Jugend und mühseligen Mannesjahren versagt war, das hat ihm das Alter reichlich bescheert: Vermögen, Weltruhm, Auszeichnungen aller Art, einen ehrenvollen Ruhesitz. Er ist Züricher Doktor, Münchener Ehrenprofessor, er hat Orden und Medaillen, — er ist gefeiert überall.

Als man im Winter 1897 seinen 70sten Geburtstag mit Banketten, Festreden, Diplomen und Telegrammen als ein vaterländisches Ereignis überall beging, da flatterte eine schlichte Photographie über die Alpen nach Deutschland, die dem Kenner aller seiner Bildnisse einen seltsamen Anblick gewährt. Einen ergreifenden zugleich. Kaum ist noch ein Zusammenhang mit dem letzten Selbstbildnis von 1893 da. Alles Starke, Trotzige, das schier drohende Selbstgefühl der Kampf- und Kraft-Natur ist nahezu heraus. Der phantastische Träumerzug, den Lenbach einst vor vielen Jahren in seine Augen gelegt, ist in einer feinen Wandlung wieder sichtbar, — schweigsame Welterkenntnis, tiefinnerer Verzicht schauen in grossen verlorenen Augen aus einem wahrhaft ehrwürdigen Greisenantlitz: aus dem Antlitz eines Priesters, der ein Leben lang lauter und heilig nur der Kunst, in keiner Stunde aber ihr fremden Interessen gedient hat. Und das ist der keusche Adel in diesem Antlitz und in dieser ganzen Künslernatur, die damit ruhig vor die Kritik der Geschichte treten kann! — —

* * *

Das Werk von Arnold Böcklin ist eine kulturgeschichtliche That. Er bietet als Mensch packende Probleme. Seine Laufbahn ist nebenher eine Fundgrube für Zeit- und Menschenkenntnis. Man lernt aus seinem Leiden die Menschheit nicht gerade höher achten und ein Jüngerer kann leicht davon zum bitteren Verächter werden. Denn an dem Künstler, dessen erster grosser Erfolg schon 1857 stattfand und ihm eine kleine treue Gemeinde schuf, hat die Menge mit Unverstand und Beschränktheit Unglaubliches gesündigt. Sein Hochkommen war ein Verzweiflungskampf, — ein Greis erst stand als Sieger auf der Wahlstatt. Nicht umsonst ist ein so herausfordernder Zug in seinen früheren Selbstbildnissen. Was Friedrich Pecht, Graf Schack, O. Berggrun, Guido Hauck bis und um 1880 über ihn schrieben, — freilich ohne seine geschichtliche Bedeutung zu erkennen! — vermochte trotz aller Wärme den erbitterten, vor keiner Unflätigkeit zurückschreckenden Widerstand gegen seine Kunst nicht zu brechen, seit sie Anfang der 80er Jahre durch die Fritz Gurlittschen Ausstellungen in Norddeutschland bekannt ward; die Menge liess sich nicht einmal von seiner genialen Maltechnik überzeugen. Stärkere Angriffe waren nötig und begeisterte Gewalt. Erst als Ende der 80er Jahre ein jüngeres und reichbegabtes Geschlecht von Kunsthistorikern und Kunstschriftstellern mit den Waffen eines neuen, lebendigeren und kunstvolleren Stils und der inzwischen blühend entwickelten Kunstwissenschaft auf die Bühne trat und Böcklin zum Schildführer der neuen Kunst erhob, wich die Menge Schritt für Schritt zurück. Den zündenden Worten von den Kathedern, in den Spalten der Fach- und Tagespresse vermochte sie nicht dauernd zu widerstehen.

Wo eine Welt von Widerstand überwunden ward, tosende Begeisterung litterarischer Jugendkraft sich nicht ersticken liess und ein wirkliches Ergebnis der Popularisierung vorliegt, da darf der Künstler und seine engere Gemeinde die Kritik der Geschichte gelassen erwarten. Die Böcklin-Verehrung wird in künftigen Tagen vor anderen Zukunftserscheinungen an Leidenschaft verlieren, — die Böcklin-Bewertung muss bleiben, ob unser Jahrhundert gleich dem Quattrocentro ein Aufweg zu noch grösserer Blüte sein wird, — ob es einen Gipfel gleich dem Cinquecento schon erklommen hat. In beiden Fällen würde ohne Böcklin eine Lücke vorhanden sein. — — Reindeutsch in allen Rasseeigenschaften seines Genies wie nur einer der Grossen unserer Vergangenheit — hat er seinen Kunststil vollkommen im Rahmen einer geschichtlichen deutschen Überlieferung, die wir eingangs betrachteten, aufgebaut. Nichts fast ist Zufall bei ihm, — Alles nahezu ein Gesetz, dessen Anfänge um mehr als ein Jahrtausend zurückliegen. Sicher und unwiderstehlich treibt ihn der Künstlerinstinkt auf die von Winckelmann begonnene Bahn einer Neugeburt der Antike, — was Carstens, Genelli, Preller, Feuerbach angelegt und weitergeführt, — das gipfelt bei ihm. Goethes tiefsinnige Absicht, als er in seiner Tragödie zweitem Teil Faust mit Helena, — den deutschen Genius mit dem hellenischen, — vermählte, schwebt ihm als Wegweiser wie die feurige Wolke mit dem Herrn vor Israel in Meer und Wüste voran: aus der Verschmelzung vom Germanischen mit

dem Antiken zu einer Neuromantik wächst ihm seine schönheitsselige Kunst. Er ist ein fester und für heute letzter Punkt in einer geschichtlichen Bahn. — — —
Er dürfte noch mehr bedeuten. Er hat seit Rubens das mächtigste Naturgefühl und die lebenstrotzendste Gestaltungskraft offenbart, — er ist als Maltechniker der Ersten in der Geschichte einer und neben den Gebrüdern van Eyck, Tizian, Velasquez, Rembrandt, Holbein gleichbedeutend, — in der Neuartigkeit und Weite der Phantasie wird er nur von Dürer und Klinger übertroffen. — — Ein eigenes Zeichen aber ist die lebendige Weiterwirkung. So belanglos seine unmittelbare Schule in seinen Söhnen und ein paar talentvollen Schweizern in jährlich sich mehrenden Nachahmern bis heute blieb, — so tief hat er mächtige Geister befruchtet. Er hat Thoma Mut gemacht, sich in knorriger Eigenart auszuwachsen; Stuck verdankt ihm unendlich Viel und mehr als Irgendeiner; die Farbenkraft und der Natursinn von Prell ist auf Böcklins Eindruck aufgebaut; er schwebt über den glühenden Farbenträumen und Gedichten des zukunftsverheissenden Lechter. So schnell aber hätte Klinger kaum seinen eigenen Weg gefunden, wenn ihm der Meister nicht das Auge für Weiten, Höhen und Fernen geöffnet hätte, die verschlossen schienen, bevor Böcklin seinen Fuss hineingesetzt. Und Klinger erkennt der greise Meister auch seit langem schon als seinen wahren Geisteserben an. Hat er in den 90er Jahren doch, — ein schwer siecher und nur durch mächtige Energie die Glieder beherrschender Mann, — die weite und mühselige Reise gemacht, — der Alte zu dem

Jungen! — um in mehrtägiger Zwiesprache mit dem ihm Liebsten unter allen Schaffenden auszutauschen, was ihm auf dem Herzen lag. Die Fürsten der Kunst haben ihre Nachfolgesorgen wie die Fürsten auf den Herrscherthronen!

So weist Alles auf ein kultur- und kunstgeschichtliches Ereignis im Werk von Arnold Böcklin. Mögen andere Zeiten andere Lieder singen! Wenn der greise Meister an schönen Sommerabenden auf seiner Veranda sitzt und in stillem Frohsinn vom grünen Fiesole auf das alte Florenz hinunterschaut und an Dante und Petrarca denkt, die einst leibhaftig durch die alten Gassen drunten gewandelt sind .... dann fällt ihm vielleicht ein, dass Michelagniolo, Lionardo, Raffael auch dort unten gehaust, und dass sie Zeitgenossen waren. Er mag sich dann an dem Bewusstsein erwärmen, dass auch sein Werk den Beifall der Besten seiner Tage gefunden hat, und dass er nach dem Dichterwort danach für alle Zeiten leben wird. — — Michelagniolo, Lionardo, Raffael .... neben Klinger und Menzel giebt auch der Name Böcklin erst den rechten Dreiklang, der der Vollklang an der Altersschwelle unseres Jahrhunderts ist! — —

Berlin im $\frac{\text{August 1898.}}{\text{Januar 1899.}}$

Franz Hermann Meissner.

Benutzte Litteratur:

Carus Sterne, Arnold Böcklins Fabelwesen im Lichte der organ. Formenlehre. (Die Gegenwart 1890.)

Meine Studie über den Künstler. (Hanfstaengl's Kunst unserer Zeit 1893.) — Im Buchhandel vergriffen. —

Dieselbe im Auszug. (Gazette des Beaux-Arts 1893.)

Fritz von Ostini, Arnold Böcklin. (Velhagen & Klasings Monatshefte 1894.)

A. Köppen, Bei Arnold Böcklin. (Berliner Lokalanzeiger, 1898, No. 361.)

Die Chronologie in dem bekannten dreibändigen Böcklin-Prachtwerk der Bruckmann'schen Verlagsanstalt in München.

Ausserdem sind als beteiligt an der Erforschung wie der Popularisierung Böcklins in Wort und Schrift noch hervorzuheben:

Von den gegenwärtigen Universitäts- und Hochschullehrern besonders: Karl Frey, Georg Galland, Hermann Grimm, C. Gurlitt, B. Haendke, Guido Hauck, Konrad Lange, R. Muther, Karl Neumann, G. Schmarsow, Max Schmid, G. Zimmermann.

Von den Kunsthistorikern und Kunstschriftstellern: F. Avenarius, Oskar Bie, Georg Buss, H. E. von Berlepsch. Hermann Bahr, Julius Elias, A. Fendler, F. Fischer, G. Fuchs, Hermann Helferich, Ola Hansson, Georg Hirth, Paul Kühn, W. Kirchbach, Max Lehrs, M. Osborn, W. Pastor, L. Pietsch, M. Rapsilber, Hans Rosenhagen, Franz Servaes, Jaro Springer, Hans Schliepmann, Alfred Schmidt, H. E. Schmidt, J. L. Sponsel, Ph. Stein, Jul. Vogel, P. Victor, Georg Voss und viele Andere.

Ebenfalls im SEVERUS Verlag erhältlich:

Paul Weber
Beiträge zu Dürers Weltanschauung
Eine Studie über die drei Stiche Ritter Tod und Teufel, Melancholie und Hieronymus im Gehäus
SEVERUS 2011 / 128 S. / 29,50 Euro
ISBN 978-3-86347-050-0

„Neben der oft und ausführlich gewürdigten künstlerischen Vollendung dieser Blätter ist es von jeher die Gedankentiefe des Inhalts gewesen, die eine geradezu magische Anziehungskraft ausübte."

So beschreibt Paul Weber, damals Privatdozent für Kunstgeschichte an der Universität Jena, die Motivation zu seiner Abhandlung. Weber wagt sich in seinem 1900 erschienenen Buch „Beiträge zu Dürers Weltanschauung – Eine Studie über die drei Stiche Ritter Tod und Teufel, Melancholie und Hieronymus im Gehäus", an eine Neuinterpretation der drei Meisterstiche Albrecht Dürers. Sie gelten bis heute als die bekanntesten und rätselhaftesten Werke des Künstlers.

Weber gibt in seiner Abhandlung dem inhaltlichen den Vorzug vor dem künstlerisch-formalen. Er führt die Untersuchung „mit dem Rüstzeuge der Literatur-, Kultur- und Religionsgeschichte".

www.severus-verlag.de

Ebenfalls im SEVERUS Verlag erhältlich:

Paul Johannes Rée
Peter Candid
SEVERUS 2011 / 84 S. / 24,50 Euro
ISBN 978-3-86347-045-6

Mit dieser Arbeit liefert der Autor eine kurzweilige Einführung in das Œuvre des flämisch-italienischen Malers Peter Candid (c. 1548-1628), der seine wichtigste Schaffensperiode an der Münchner Residenz unter Herzog Maximilian I. erlebte. Einem biographischen und historischen Überblick folgt die detaillierte Beschreibung der Werke selbst. Dabei geht Rée systematisch vor und beschreibt zunächst Candids Wandmalereien und Altargemälde, gefolgt von seinen selteneren Arbeiten im Bereich der Plastik. Die Balance zwischen präziser Wissenschaft auf der einen und allgemeiner Verständlichkeit auf der anderen Seite wird stets gewahrt. Somit ist das Buch sowohl für Experten als auch für Laien nützlich und informativ.

Paul Johannes Rée (1858-1918) war Professor für Kunstgeschichte an der Kunstgewerbeschule Nürnberg.

www.severus-verlag.de

Ebenfalls im SEVERUS Verlag erhältlich:

Wilhelm Klein
Die Geschichte der Griechischen Kunst
Erster Band
Die Griechische Kunst bis Myron
SEVERUS 2011 / 488 S./ 59,50 Euro
ISBN 978-3-86347-028-9

Klein beginnt in diesem ersten Band seiner „Geschichte der Griechischen Kunst" mit der mykenischen Kultur der späten ägäischen Bronzezeit vor der Rezeption des Mythos und mit den ältesten mythischen Darstellungen bis zum Beginn der Marmorplastik. Er wendet sich der Zeit der Tyrannis zur Wende des 6. Jahrhunderts zu und befasst sich mit der attischen Kunst bis zu den Perserkriegen sowie mit den Bildhauern der Generation vor Phidias. Die Malerei des Polygnot und der Zeustempel von Olympia bilden den Abschluss dieses ersten Bandes.
Der 1850 geborene Wilhelm Klein war ein österreichischer Archäologe und Philologe. Nach seiner Promotion 1875 unternahm er mehrere Studienreisen – insbesondere nach Griechenland und Italien. 1892 bekam er die Professur für Klassische Archäologie an der Karl-Ferdinands-Universität in Prag. Er war Mitbegründer der „Gesellschaft zur Förderung deutscher Wissenschaft, Kunst und Literatur".

www.severus-verlag.de

Bisher im SEVERUS Verlag erschienen:

Achelis. Th. Die Entwicklung der Ehe * **Andreas-Salomé, Lou** Rainer Maria Rilke * **Arenz, Karl** Die Entdeckungsreisen in Nord- und Mittelafrika von Richardson, Overweg, Barth und Vogel * **Aretz, Gertrude (Hrsg)** Napoleon I - Briefe an Frauen * **Ashburn, P.M** The ranks of death. A Medical History of the Conquest of America * **Avenarius, Richard** Kritik der reinen Erfahrung * Kritik der reinen Erfahrung, Zweiter Teil * **Bernstorff, Graf Johann Heinrich** Erinnerungen und Briefe * **Binder, Julius** Grundlegung zur Rechtsphilosophie. Mit einem Extratext zur Rechtsphilosophie Hegels * **Bliedner, Arno** Schiller. Eine pädagogische Studie * **Blümner, Hugo** Fahrendes Volk im Altertum * **Brahm, Otto** Das deutsche Ritterdrama des achtzehnten Jahrhunderts: Studien über Joseph August von Törring, seine Vorgänger und Nachfolger * **Braun, Lily** Lebenssucher * **Braun, Ferdinand** Drahtlose Telegraphie durch Wasser und Luft * **Brunnemann, Karl** Maximilian Robespierre - Ein Lebensbild nach zum Teil noch unbenutzten Quellen * **Büdinger, Max** Don Carlos Haft und Tod insbesondere nach den Auffassungen seiner Familie * **Burkamp, Wilhelm** Wirklichkeit und Sinn. Die objektive Gewordenheit des Sinns in der sinnfreien Wirklichkeit * **Caemmerer, Rudolf Karl Fritz** Die Entwicklung der strategischen Wissenschaft im 19. Jahrhundert * **Cronau, Rudolf** Drei Jahrhunderte deutschen Lebens in Amerika. Eine Geschichte der Deutschen in den Vereinigten Staaten * **Cushing, Harvey** The life of Sir William Osler, Volume 1 * The life of Sir William Osler, Volume 2 * **Dahlke, Paul** Buddhismus als Religion und Moral, Reihe ReligioSus Band IV * **Eckstein, Friedrich** Alte, unnennbare Tage. Erinnerungen aus siebzig Lehr- und Wanderjahren * Erinnerungen an Anton Bruckner * **Eiselsberg, Anton Freiherr von** Lebensweg eines Chirurgen * **Eloesser, Arthur** Thomas Mann - sein Leben und Werk * **Elsenhans, Theodor** Fries und Kant. Ein Beitrag zur Geschichte und zur systematischen Grundlegung der Erkenntnistheorie. * **Engel, Eduard** Shakespeare * Lord Byron. Eine Autobiographie nach Tagebüchern und Briefen. * **Ferenczi, Sandor** Hysterie und Pathoneurosen * **Fichte, Immanuel Hermann** Die Idee der Persönlichkeit und der individuellen Fortdauer * **Fourier, Jean Baptiste Joseph Baron** Die Auflösung der bestimmten Gleichungen * **Frimmel, Theodor von** Beethoven Studien I. Beethovens äußere Erscheinung * Beethoven Studien II. Bausteine zu einer Lebensgeschichte des Meisters * **Fülleborn, Friedrich** Über eine medizinische Studienreise nach Panama, Westindien und den Vereinigten Staaten * **Goette, Alexander** Holbeins Totentanz und seine Vorbilder * **Goldstein, Eugen** Canalstrahlen * **Graebner, Fritz** Das Weltbild der Primitiven: Eine Untersuchung der Urformen weltanschaulichen Denkens bei Naturvölkern * **Griesser, Luitpold** Nietzsche und Wagner - neue Beiträge zur Geschichte und Psychologie ihrer Freundschaft * **Hartmann, Franz** Die Medizin des Theophrastus Paracelsus von Hohenheim * **Heller, August** Geschichte der Physik von Aristoteles bis auf die neueste Zeit. Bd. 1: Von Aristoteles bis Galilei * **Helmholtz, Hermann von** Reden und Vorträge, Bd. 1 * Reden und Vorträge, Bd. 2 * **Henker, Otto** Einführung in die Brillenlehre * **Kalkoff, Paul** Ulrich von Hutten und die Reformation. Eine kritische Geschichte seiner wichtigsten Lebenszeit und der Entscheidungsjahre der Reformation (1517 - 1523), Reihe ReligioSus Band I * **Kautsky, Karl** Terrorismus und Kommunismus: Ein Beitrag zur Naturgeschichte der Revolution * **Kerschensteiner, Georg** Theorie der Bildung * **Klein, Wilhelm** Geschichte der Griechischen Kunst - Erster Band: Die Griechische Kunst bis Myron * **Krömeke, Franz** Friedrich Wilhelm Sertürner - Entdecker des Morphiums * **Külz, Ludwig** Tropenarzt im afrikanischen Busch * **Leimbach, Karl Alexander** Untersuchungen über die verschiedenen Moralsysteme * **Lilencron, Rochus von / Müllenhoff, Karl** Zur Runenlehre. Zwei Abhandlungen * **Mach, Ernst** Die Principien der Wärmelehre * **Mausbach, Joseph** Die Ethik des heiligen Augustinus. Erster Band: Die sittliche Ordnung und ihre Grundlagen * **Mauthner, Fritz** Die drei Bilder der Welt - ein sprachkritischer Versuch * **Müller, Conrad** Alexander von Humboldt und das Preußische Königshaus. Briefe aus den Jahren 1835-1857 * **Oettingen, Arthur von** Die Schule der Physik * **Ostwald, Wilhelm** Erfinder und Entdecker * **Peters, Carl** Die deutsche Emin-Pascha-Expedition * **Poetter, Friedrich**

www.severus-verlag.de

Christoph Logik * **Popken, Minna** Im Kampf um die Welt des Lichts. Lebenserinnerungen und Bekenntnisse einer Ärztin * **Prutz, Hans** Neue Studien zur Geschichte der Jungfrau von Orléans * **Rank, Otto** Psychoanalytische Beiträge zur Mythenforschung. Gesammelte Studien aus den Jahren 1912 bis 1914. * **Rohr, Moritz von** Joseph Fraunhofers Leben, Leistungen und Wirksamkeit * **Rubinstein, Susanna** Ein individualistischer Pessimist: Beitrag zur Würdigung Philipp Mainländers * Eine Trias von Willensmetaphysikern: Populär-philosophische Essays * **Sachs, Eva** Die fünf platonischen Körper: Zur Geschichte der Mathematik und der Elementenlehre Platons und der Pythagoreer * **Scheidemann, Philipp** Memoiren eines Sozialdemokraten, Erster Band * Memoiren eines Sozialdemokraten, Zweiter Band * **Schlösser, Rudolf** Rameaus Neffe - Studien und Untersuchungen zur Einführung in Goethes Übersetzung des Diderotschen Dialogs * **Schweitzer, Christoph** Reise nach Java und Ceylon (1675-1682). Reisebeschreibungen von deutschen Beamten und Kriegsleuten im Dienst der niederländischen West- und Ostindischen Kompagnien 1602 - 1797. * **Stein, Heinrich von** Giordano Bruno. Gedanken über seine Lehre und sein Leben * **Strache, Hans** Der Eklektizismus des Antiochus von Askalon * **Thiersch, Hermann** Ludwig I von Bayern und die Georgia Augusta * **Tyndall, John** Die Wärme betrachtet als eine Art der Bewegung, Bd. 1 * Die Wärme betrachtet als eine Art der Bewegung, Bd. 2 * **Virchow, Rudolf** Vier Reden über Leben und Kranksein * **Wecklein, Nikolaus** Textkritische Studien zu den griechischen Tragikern * **Weinhold, Karl** Die heidnische Totenbestattung in Deutschland * **Wellmann, Max** Die pneumatische Schule bis auf Archigenes - in ihrer Entwickelung dargestellt * **Wernher, Adolf** Die Bestattung der Toten in Bezug auf Hygiene, geschichtliche Entwicklung und gesetzliche Bestimmungen * **Weygandt, Wilhelm** Abnorme Charaktere in der dramatischen Literatur. Shakespeare - Goethe - Ibsen - Gerhart Hauptmann * **Wlassak, Moriz** Zum römischen Provinzialprozeß * **Wulffen, Erich** Kriminalpädagogik: Ein Erziehungsbuch * **Wundt, Wilhelm** Reden und Aufsätze * **Zoozmann, Richard** Hans Sachs und die Reformation - In Gedichten und Prosastücken, Reihe ReligioSus Band III

www.ingramcontent.com/pod-product-compliance
Lightning Source LLC
Chambersburg PA
CBHW061351300426
44116CB00011B/2075